百年中国记忆·亲历战役系列

兖州战役

亲历记

霍守义 等◎著

中国文史出版社
CHINA CULTURAL AND HISTORICAL PRESS

图书在版编目（CIP）数据

兖州战役亲历记 / 霍守义等著. — 北京：中国文
史出版社，2020.1
　（百年中国记忆. 亲历战役系列）
　ISBN 978-7-5205-1745-4

Ⅰ.①兖…　Ⅱ.①霍…　Ⅲ.①兖州战役(1948) — 史料
Ⅳ.①E297.42

中国版本图书馆CIP数据核字（2019）第274307号

责任编辑：张春霞

出版发行：**中国文史出版社**

社　　址：北京市海淀区西八里庄69号　邮编：100142
电　　话：010-81136606　81136602　81136603（发行部）
传　　真：010-81136655
印　　装：北京朝阳印刷厂有限责任公司
经　　销：全国新华书店
开　　本：710mm×1010mm　1/16
印　　张：16.25　　字数：179千字
版　　次：2020年5月第1版
印　　次：2020年5月第1次印刷
定　　价：48.00元

目 录
CONTENTS

1

第三章　兖州见闻

附　录

第一章

兖州战役概略

蒋军整编第十二军被歼经过

霍守义*

　　兖州战役是人民解放军为了迅速地解放济南，将国民党在鲁西南残存的唯一据点予以摧毁而进行的一次歼灭战。我当时充任国民党整编第十二军军长，亲率部队在第十绥靖区司令官李玉堂的指挥下，同解放军作战40多天，最后遭到全歼。现值征集史料之际，谨将我所经历的情况作一追述，以供有关方面参考，并借以稍释内疚。

---

　　*霍守义，原系国民党第十二军中将军长，曾任中国人民解放军华东军事学院训练部研究员、江苏省政协委员，1967年在南京去世。

一、战役前国民党军的态势和内部矛盾

1947年2月，国民党的第四十六和七十三两个军及新编第三十六师在山东莱芜、吐丝口一带被全歼以后，济南已呈空虚。蒋介石曾亲自飞到济南，向王耀武面授机宜，严防人民解放军乘胜攻取济南。并将其残存的第十二军、第九十六军、绥区独立旅，迅速猬缩到济南城郊，幻想凭借济南，集中优势兵力，挽回在山东战场的败局。但人民解放军在莱芜战役获得了全胜以后，却转入了休整阶段，并没有跟踪而来，这才使一场虚惊暂告平息。不久，国民党又把上述两个军调动到胶济线上，以第十二军驻守周村、张店一带，第九十六军驻守潍坊、益都一带，企图保持胶济铁路的畅通无阻，以维护与美国在青岛的海、空军密切联系，继续进行内战。第二绥靖区司令官王耀武得到上级的许可，将第十二军与整编三十二师对调序列。整编三十二师原系西北军商震的旧部，经蒋介石一再调整，最后成为王耀武的基本部队。他认为这个部队忠实可靠，战斗力也较强，调到自己跟前使用起来得心应手。1948年1月下旬，我接到王耀武的命令，令我一军迅速集结济南，以列车输送到兖州一带，接替整编三十二师的防务，尔后即归第十绥靖区司令官李玉堂的指挥序列。出发的这一天，正是春节的除夕，雪下得很大。官兵们烦言啧啧，怨声载道。但从我自己来说，反觉得很畅快，因为离开王耀武的控制，有利于保存自己的实力。在抗日战争胜利以后，我率十二军同九十六军一道在李延年的指挥下，进驻了济南，历时已有3年。在这3年中，自己费了不少心血，一方面既要完成国民党政府交给的任务，另一方面又要不损失自己的实力（也就是说，既不让蒋介石吃掉，也不肯为人民解放军所消灭）。这种复杂的心情，使我绞尽脑汁。蒋介石对我这个军确也时时盘算着，不彻底改编于心不甘。在抗日战争胜利后，他曾派旧东北军将领刘多荃到济南劝我离开部队，许我回东北去当辽宁省主席。他的这套消灭杂牌势力的把戏，我是早已晓得的。刘多荃就是一个现实的例子。我当时对刘说："你已经成了光杆主席，我是不干的。"蒋介石一计未成，又以命令要挟，叫我到"陆大"受训，我又推故未去。王耀武接替了李延年的职务以后，不久就传出要撤换我军长职务的消息，后来不知道他为什么没有把我拿掉，却将九十六军军长廖运泽调走了，换上了他的老搭档陈金城，这件事对我是一个很大的威胁。1947年1月，我奉王耀武的命令，率军深入莱芜，由于当时情况紧迫，为本身安全计，曾相机独断地行进到博山地区。而王耀武为让他的副司令官李仙洲所统率的两个军向新泰进犯的侧翼安全起见，迫令我不计任何牺牲，必须昼夜向莱芜进军。我虽然勉强完成了上述任务，可是彼此之间又增深了一层隔阂。他们认为我是不服从命令，保存实力；而我呢，却认清了他们是在折磨我，是没有好处给我的。

这次把我推出济南，我正好是"借台阶下驴"。同时我觉得李玉堂虽然也是蒋介石的嫡系，但没有王耀武那样得势，比较易于对付。因此，我接到调出的命令以后，即令全军所有辎重、眷属一律迁移兖州，只有军直属炮兵营为第二绥靖区所扣留，未能到兖。

第十绥靖区司令官李玉堂的司令部驻兖州西城内，其直属部队及宪兵一个营分驻城内。然后配备了第十二军一个团，担任城防。第十二军军部及一一一旅（欠一个团）驻兖州城以东的曲阜，一一二旅（欠两个团）驻泗水，以一个团驻新泰，以一个团驻蒙阴，以军部骑兵连驻南驿。各部队除巩固当地防务外，逐日抽派部队向其附近地区展开游击，积极搜集解放军的动态情报。

1948年三四月间，盘踞济南以东周村、张店、益都、潍县等地区之国民党整编三十二师及整编九十六军，以及地方保安团八九万人，先后为人民解放军山东兵团所歼灭，情况渐趋紧张。第十绥靖区获得情报：山东兵团由潍县以南地区向西活动，判断有攻取济南、兖州的企图。第十绥靖区为巩固兖州城防起见，决心缩短防线，命令十二军主力集中兖州，以一部驻守济宁，以小部安置曲阜，作为前哨阵地。当时第十二军的兵力部署如下：

1. 军部及直属队、第一一一旅全部及第一一二旅之一个团（三三四团）驻兖州城里，以军部补充团驻东关及车站附近；

2. 军独立旅（尚未请准私自编组的）及各县地方团队驻守兖州以东的曲阜；

3. 第一一二旅（欠三三四团）驻守兖州以西的济宁。

各部队到达新防地后，即迅速加强原有工事强度，积极备战。并令各旅指派干探搜集周围情况，令独立旅刘旅长责成各县县长派出得力干探，侦察山东兵团的动向，同时迅速整修加固曲阜城郊工事。

二、曲阜前哨被摧毁的经过

5月下旬，人民解放军山东兵团的七、八、十三等纵队由新泰、泗水方面迫近曲阜以东地区，不断以小部队向该城进行威力搜索。根据这种情况，判定解放军拔除济南外围最后一个据点——兖州的意图已很明显。当时采取的措施是：命令独立旅凭借有利条件（城垣坚固，除北面孔林比较隐蔽易为攻方接近外，其他三面地形平坦开阔），迟滞解放军的前进，使兖州获得充分增强防守的准备时间。

6月初，人民解放军对曲阜展开了全面攻势，战况颇为激烈，据守该地的旅长刘宗颜不断地告急求援。当时李玉堂和我都是这样的打算——为了巩固兖州，曲阜就不能过早放弃，尽管这个城是守不住的，但是能多守一天，兖州的城防就可以增强一些。因此决心抽派第一一一旅旅长孙焕彩率两个团前往解围。该旅遂抵曲阜附近，被人民解放军打援部队迎头痛击，三三二团的伤亡较重，被迫退回兖州。而刘旅长电请援军，愈来愈急，军部决心令孙旅全部出击，限令一定要解刘旅之危。但该旅长孙焕彩、三三二团团长李赓唐认为士气至为消沉，曲阜的围是解不开的，要打，还是在兖州与解放军决战，比较有把握，否则徒增伤亡，于事无补，反而更加沮丧士气。但军参谋长王树军力排此议，坚持原案，他并亲自到旅部，监督执行。该旅行抵泗河以东不远的地方，即遭到强大的人民解放军的痛击，不支，仍旧退缩到兖州。又接到据守曲阜的刘旅长电报，说该城城垣又有数处被炸毁，官兵伤亡甚众，人民解放军的攻势锐不可当，眼看曲阜即要被占领，与解围部队尚未取得联系，请示如何处理。我当即将这种情况向李玉堂做了报告，并召集军中幕僚人员，对当前形势做了全面研究，决定电示刘旅长率各县团队于黄昏后开始转移撤回兖州。该旅接到军的指示后，当天夜里即开始突围，主力从北面突出，但在人民解放军的重重包围之中，寸步难行。旅长刘宗颜率少数官兵趁夜暗冲出重围，企图乘马逃跑，旋为人民解放军所击毙，部队大部被俘虏，只有少数官兵零星逃回兖州。

三、兖州顽抗

人民解放军山东兵团攻克曲阜以后，全力迫近兖州以东，泗河东岸。当时济南—兖州间，及兖州—临城（今薛城）间的铁路交通已为人民解放军所切断，只有勉强维持空中交通。第十绥区司令官李玉堂接到蒋介石的命令，其要点是："固守待援，以收牵制之效，俟南北援军到达后再出战，修复津浦中段的交通。"我根据李玉堂的指示，对兖州城郊工事，除原存外，命令所部对地下碉堡予以加强，并将兵力重新做了部署：

1. 第一一一旅附一一二旅三三四团担任城郊阵地的守备；其三三三团主力位置于南门附近，防守南关；以一部守备南面城垣，并以一部据守城外碉堡阵地；

2. 三三一团主力位置于西门附近，防守西路；

3. 三三二团主力位置于北门附近，左与三三一团密切联系，担任从西门以北沿城垣至城东北角的防守，以一部据守城外碉堡阵地；

4. 三三四团位置于东门附近，担任东面城垣的守备；补充团位置于东关，担任泗河西岸既设阵地的守备。

李玉堂以为城郊既设阵地坚固可靠，四周地形平坦开阔，利守不利攻，同时城内还储存着大量的军粮和弹药，认为只要内部不出毛病，解放军是攻不下来的。他对我说："蒋先生来电报问，撤换一一一旅孙旅长是否出了问题？"叫我注意。我当时回答他："孙旅长作战不利（其实他反攻很坚决），不听命令，撤换他与部队没有关系，请你放心。"他点点头。后来又因为军部放了几名被俘的解放军战士，被驻东关的宪兵拦截，李来电话问我晓得不晓得，口气十分惊恐。当时我说明这是瓦解对方军心，消其士气，是吸取共产党的办法，对我们是有利的。他很不同意我的做法，以"怕暴露我方防务情况"为借口，坚持不放，而成立了一个"招待处"，派政工人员每天上课讲"三民主义"。从这两件事来看，李玉堂对内部的安全是很担心的。

我当时的心情，可用两句话来概括："对解放军估计过低，对自己估计过高。"首先，我总认为解放军不会硬拼，对兖州只是牵制，其目的还是攻取济南。这样，兖州的防守只要能顶得住一定时间，就能转危为安。其次，我迷信这个军是自己一手编练起来的，带了十几年，经过考验，能打能走。我还有一种幻想，李玉堂是蒋介石的嫡系，被围在这里，蒋不会坐视不救。基于以上这些想法，故决心固守。

6月7、8两日，解放军山东兵团的一部开始对兖州东关补充团泗河阵地作试探性的进攻。兖州飞机场已为人民解放军的炮火所控制，空中交通遂告断绝。泗河线上的战斗是夜里打，白天停，似此停停打打，相持了20多天。补充团凭借泗河，阵地扼守无恙，官兵伤亡也不多。

6月下旬，人民解放军的攻击重点转移到南面，战况渐趋激烈。解放军的爆破班奋不顾身地冲至城郊碉堡阵地，施行爆破，但守军以地形开阔、火力封锁发挥了作用，解放军后续部队很难适合机宜地扩张战果。而李玉堂竟误认为解放军的攻势挫败，士气沮丧，听信他的信奉反动道会门的副官处长的蛊惑，将其平素训练的"刀枪不入的神兵"使用出来。我当时是不同意这种鬼把戏的，可是李很相信，要试试看。军参谋长王树军气愤地说："让他们送死去。"这样100多人的大刀队出去南门不多远，就被解放军消灭了大半，剩下的狼狈逃回城内。

解放军虽然尚未展开决定性的攻击，但停停打打已有一个多月，而援军尚未到来。李玉堂和我开始焦虑不安，尽管有5个团以上的兵力，可是据所得情况，解放军的兵力数倍于我，加上伤亡日益增加，医药渐感缺乏，给养也不能维持多久，长期被围，前途堪虑。李玉堂表面上对解放军似不在乎，见面就叫我注意防范内部。我也故作镇静地告诉他：这个军的官兵是我多年患难与共的部下，我有把握。这时，李竟经常找他的副官处长摆坛扶乩求神问卜，他不止一次地对我说："北面援军不可靠，南面援军不出一个月一定到来。"这显然是从鬼话中得来的安慰。

7月初，解放军攻击重点转移至西关。西关是防守上的薄弱环节，虽然筑有坚固的阵地，配备炽烈的侧防火力，但在解放军机智灵活、勇敢顽强的攻击下，遂被攻占。扼守该地的三三一团伤亡较重，其他方面大都处于胶着状态，相持不下。而绥区司令部李玉堂就在这战斗正酣的状况下，为其亡母大办丧事，举行遥祭，摆设灵堂，身穿孝服，群官均佩黑纱，在侧陪祭。我回军部后，把所见到的情况向幕僚们做了介绍，大家均认为是不祥之兆。有一天，李的副官处长通知我说："今天是司令官的诞辰，请去参加祝寿。"当时，我顿感不满，这是什么时候？还有这些闲情逸致！其实这正反映了反动统治阶级在日暮途穷时的病态心理。

我为了确保兖州，即以战斗力比较坚强的三三四团布置于西关，全力固守。并令军特务营、骑兵连在西门内构造第二线阵地，奋力挖掘内壕，以备西关被突破后，继续顽抗。到了7月初，西关战斗顿呈剧烈，形成争夺一屋一墙的拉锯状态。每到夜晚，战况更烈。据守西关一带的部队，每到夜晚，即全数进入阵地，多日不得睡眠，疲乏已极。当时伤兵日益增多，部队缺员，战斗力减弱，而医院设备简陋，药品奇缺，对伤病员治疗很差，官兵怨声载道，士气日趋低落。

7月10日前后，徐州"剿总"鉴于兖州战况危急，但又派不出援兵（黄伯韬部虽曾一度到达邹县附近，因豫东告急，旋即撤去），却以自欺欺人的办法，说什么化学迫击炮威力无比，弹着点周围200米区域内的人无一幸免，打不死也要被震死。兖州城内存有大量的炮弹，是以前驻兖州部队遗留的，但没有炮。因此在这垂死的阶段，派飞机空投了一门炮，但是没有人懂得它的性能和射击方法，只有依照附带的说明书去临时操练。当时由军参谋长刘士岭（日本士官炮兵科毕业生）负责教练和指挥试射，结果其效能与普通迫击炮并没有多大差别，又由于操作不熟练发生了故障，从此便被搁置一边。这时，人民解放军已接近城垣，炮火已失去效应。

7月12日晚，人民解放军展开了全面总攻，炮火之猛，前所未有，据炮兵观察，均是美式榴弹炮。不到几个小时，西关城垣数处被摧毁，出现缺口数处。扼守西关的三三四团伤亡甚重，团长马振铎负重伤。解放军充分利用炮火威力，从城垣缺口冲进城内，该处顷刻间一片混乱。我当时还企图顽抗，急令三三二团弥缝城垣缺口，防止解放军后续部队突入，并令军特务营、骑兵连立即进入第二线阵地，阻遏突入城内的解放军向前扩张；调军补充团撤进城内作军的总预备队，企图挽回颓势，做最后的抵抗。

7月13日，人民解放军已逐步渗透西关阵地，进入城内。驻在西城的绥区司令部被占领，李玉堂率其僚属匆匆地跑到军部找我。见面后，他掏出了一封信给我看。这封信是李延年从飞机上空投下来的，是蒋介石假借李延年之口，对李玉堂作无可奈何的最后指示。大意是：豫东战况不利，不能抽派援军，希利用时机设法突围。李玉堂把信递给我后，就哭起来了。他说战况已难扭转，要我放弃城垣，退到东关，待黄昏后突围北去济南。他做了这样的指示后，即率僚属从地道下逃到了东关。

在李玉堂和我会面之前，我正同一一一旅旅长刘书维、副旅长杨毓芳交换意见。他们的意见是战况已不堪收拾，建议派人与解放军联系，可是我却认为时机已晚，过去解放军曾用炮弹打进来好多传单和信件，用过去的熟人如张学诗、万毅等的口吻，劝我停止抵抗，归顺人民，而我竟错过了机会，顽固到底。现在打到这个地步，无脸见人，因此不肯接受他们的建议。但我当时也的确无路可走，因此有些犹豫。李玉堂离开了军部以后，我即召集军参谋长和各处长等研究对策，并告知他们说李玉堂已走，我们怎么办？大家哑口无言，独副参谋长刘士岭（曾在济南以东龙山战役被俘，经人民解放军教育宽大释放的）发了言，他说："我们倒没有什么关系，唯你地位太高，怕不方便。"到此，我下了决心，放弃城垣，转至东关，准备黄昏后突围。

当日下午，兖州城垣基本已为人民解放军所占领，包围圈渐趋紧缩。部队已成混乱状态，有的原地抗拒，有的自由逃奔。我与李玉堂见面时，他说情况紧迫，已不能待到黄昏再走，要我同他立即行动。他的随员已为他备妥便衣，立即化装，向徐州方向逃遁。我见李玉堂带着一群僚属走了，自己盘算，不能跟李玉堂一道逃向徐州，即使侥幸地逃出去，他也会把战败的责任诿罪于我。同时我想起在周村、张店战役，逃出去的整编三十二师师长周庆祥，结果还是被蒋介石给毙了。因此，决心向济宁方向突围，找自己的部队，认为只要能抓住一点部队，蒋介石将会敷衍我。遂带了一部官兵，由车站向南越过铁桥，转向西南方向突围。午后5时，行到城南一个村庄附近，见到伤亡的官兵遍地皆是，而国民党空军又疯狂地滥炸与扫射，触景伤情，感慨万分！心想这支部队跟随自己多年，今天落得这样的残局，好不凄惨；即便逃出去，又有何脸面与一一二旅的官兵相见呢？而蒋介石能否放过我，还不敢说，终究是没有好下场的。幸而在这最后时刻，下了投向人民，听凭发落的决心，当即派侍从副官邓超找来一位解放军王兴发同志，说明我的身份和意图，承蒙他把我引到第十九师熊师长处，就这样放下了武器，投诚了解放军。我部官兵听说我已归顺人民，他们也纷纷放下武器，兖州战役遂告结束。

（1962年7月10日）

兖州战役与霍守义

霍正实*

　　1948年兖州战役期间，驻守兖州的部队系国民党整编第十二军。该军军长是我的父亲霍守义。当时，整编十二军名义上辖整编十二师、整编七十三师。可是霍守义实际上所能指挥并跟随他到兖州去的只有整编十二师。现在我将我所知道的父亲在兖州战役期间的情况记述如下。

---

　　*霍正实，曾在南京市燕子矶及下关公安分局工作，后任鼓楼区土产杂品公司经济师，1987年离休。后任鼓楼区政协委员、台胞台属联谊会副会长。

兖州战役之前

霍守义是原东北军的一位将领，1936年曾亲率东北军一一二师的两个旅参加西安事变，随后又参加了八年抗日战争。日军投降后，他不得不怀着思乡厌战情绪，带领东北军旧部卷入到内战中去。1947年一二月间，"二绥区"司令官王耀武令霍守义率十二军所属部队一一一师、一一二师（1947年秋，这两师才分别改称为整编一一一旅和一一二旅）和新编三十六师突进莱芜，霍却带部队驻扎在博山。后经王耀武一再命令催促，虽然进驻莱芜城，但很快又退返博山一带，屯兵不动，既不接应李仙洲也不回防济南城，把冒进的新编三十六师丢在吐丝口。师长曹振铎死守吐丝口，部队伤亡殆尽。曹振铎（后升任整编七十三师师长）突围回到济南后，曾向"二绥区"司令官王耀武告了一状，把吐丝口之失和七十三军全军覆没之责推在霍的头上。王耀武对霍虽然恼恨在心，但因济南防务空虚，一时也无可奈何。当年2月下旬莱芜战役后，蒋介石飞抵济南，王耀武带"二绥区"高级军官到机场面见蒋时说："霍守义拥兵自卫，不听指挥……"蒋因霍未返济南，便亲笔写了一封信令空军投送给霍，叫霍率十二军回防济南。蒋在机场住了一夜，没进济南城，次日即飞返南京。这些就更加深了霍对国民党中央及"二绥区"司令官王耀武的戒心。

在兖州战役中

1948年初，"徐州总部"命令霍率整编十二师与整编三十二师换防。当年一、二月份，霍带领整编十二师（该师师长由霍守义兼）进入"第十绥区"，军部驻曲阜。兖州战役开始前，"十绥区"司令官李玉堂令整编十二军军部移驻兖州，与"十绥区"司令部同驻一城。兖州城内有"十绥区"司令部一个特务营、一个宪兵营，还有一些地方武装。当时，整编十二师所辖的整编一一一旅的三个团（三三一、三三二、三三三团）和整编一一二旅的三三四团及师补充团和师部直属部队驻进兖州，整编一一二旅旅长于一凡率两个团驻济宁，十二军独立旅（系未经国民党中央批准，霍自行组建的部队）驻曲阜。这样布防，使十二军的兵力形成掎角之势。

1948年5月解放军七、八、十三纵队逼近曲阜，6月11日解放曲阜城，随后对兖州发起攻势。这时，霍守义想在兖州城内发动战场起义，为了以后和解放军好见面。在师补充团及三三四团于兖州东关车站和泗河一线酣战之际，他曾擅自放回解放军被俘战士，对伤员也指示野战医院好好治疗。不料被放走的解放军战士出东门时被宪兵截获，并向李玉堂报告。李玉堂便对霍提出质问，霍说是为了瓦解对方。李玉堂对此半信半疑，遂令"十绥区"政治部派政工人员对被俘的解放军战士严加监管。

当时，驻守兖州的主力部队是整编一一一旅。该旅旅长孙焕彩，是1941年国民党当局掀起反共高潮时，在鲁南发动"二·一七"事件，向"九·二二"锄奸的爱国军官发难的首要将领。霍要想发动战场起义，首先就必须解除此人的兵权。这时孙焕彩又一再催促霍守义调驻济宁的整编一一二旅来兖州参战。同时李玉堂也催令霍调整编一一二旅增援兖州。整编一一二旅原为东北军一一二师，是霍的基本部队，为准备起义就必须保住这支主力部队。于是，霍拿定主意不让整编一一二旅参战。孙焕彩对此大为怨恨，这就更使霍感到受孙焕彩的威胁。霍唯恐孙与李玉堂勾结在一起对他发难，遂决心解除孙焕彩的兵权。霍以召孙焕彩参加会议的名义，当场宣布撤除孙的旅长职务，留在军部另做安排，令军部高参刘书维代理旅长。刘书维随即仓促上任。霍解除了孙焕彩的兵权后，曾找霍松甫（霍守义叔伯兄弟）密谈：要他做好准备，待机出城与解放军指挥部取得联系，同时命令于一凡做好准备，待令向兖州靠拢。随后，霍在召集旅、团长等将校军官开会时，曾为东北军前途计，稍露起义之意。会上有的军官不语，有的军官反对，认为"军座官至中将怎可投共？"不料在这关键时刻，解放军把由万毅和张学诗将军署名，写给霍守义的劝降信用炮打进兖州城里后，落入"十绥区"司令部特务营之手，并送给了李玉堂。李玉堂拿着信当面交给了霍，一面表示对霍的信任，一面鼓励他坚定作战信心。李催促霍命令于一凡从侧背袭击解放军围城部队，同时要霍下令守城部队出击。霍始终都不肯接受李的命令。为此，李玉堂曾派了一支反动道会门地方武装出城袭击解放军。由于李玉堂的监视，霍的起义计划始终未能实现。

兖州战役从6月初开始双方交战40多天。7月中旬，解放军对兖州守军展开总攻，12日夜从西城攻入城内。霍急令三三四团增援西城守军三三一团。13日下午，李玉堂带领僚属到十二军军部，一面哭一面对霍说："再等就来不及了……"说完就急急忙忙地出东门逃走了。随后，霍率部队由车站过铁路桥向济宁方向投奔，不久又折转方向，向解放军阵地行进。这时跟随霍的特务营中有一个连长是国民党中央军校毕业生，见霍率领部队向解放军阵地靠拢，就故意让他带的那个连队落在后面，当拉开一段距离时从背后向霍开枪，霍受轻伤。这时，霍果断、迅速地命令少校侍从副官邓超抓紧时间去找解放军联系。解放军十九师派王兴发同志随邓超回来接头。当王兴发（该同志原在东北军）走近时，认出是霍守义，又见其受伤，曾深有感触地说："这不是老师长吗？"霍说："你还认得我，快带我到你们指挥部去。"霍随即带领他的武装人员到十九师师部与熊应堂师长见了面。解放军对他们很热情，抱来了许多西瓜让他们解渴。后来霍守义向解放军把整编十二军的高级军官一一做了介绍，当介绍到刘书维时说："这位是上任不到一个月的旅长。"就这样，兖州战役遂告结束，我父亲霍守义也留在了解放区。

兖州战役之后

1948年7月，霍守义在解放区经中央军委批准参加了中国人民解放军，并积极策动国民党官兵和东北军旧部弃暗投明。

济南战役时，霍向驻济南的国民党官兵作了广播讲话，同时又亲笔写了一封信，派人秘密送给驻在千佛山的东北军旧部祁建甫营长，要他率领炮兵营全体官兵，协同吴化文将军（吴当时任整编九十六军军长兼整编八十四师师长）发动战场起义。起义前夕，祁建甫向全营官兵宣读了霍守义给他的信。他们听后，情绪激昂，随即把炮口转向了济南城。祁建甫营起义后，解放军将该营扩编为一个炮兵团，由祁任团长。后来，这个炮兵团参加了淮海战役和渡江战役。

淮海战役时，霍守义也向国民党官兵作了多次广播讲话。在淮海战役打响前，霍守义曾派原十二军参谋长王树军到徐州劝说于一凡起义。不料，这事被"徐州绥署"获悉。当王树军到达徐州时，绥署主任刘峙即对于一凡说："听说共产党派了一个参谋长来找你，你要多加注意哟！"嗣后，于一凡见到王树军，就把这些话告诉了他。王见事已败露，没敢对于一凡说出真正来意，便匆匆离开徐州，并着便衣到南京走了一趟，然后又经徐州返回山东解放区去了。随后，霍守义又派王定中（字季钦，原整编十二军高参）、杨毓芳（原整编一一一旅副旅长）到徐州一一二师（兖州战役后，整编一一二旅恢复一一二师番号）师部与于一凡会面，动员他率部起义。经过王、杨二人的工作，于一凡部与解放军八纵、九纵取得了联系，做好了起义的准备。这时，不料有一军官告密，师长于一凡、副师长金克才遂被邱清泉、舒荣以开会为名叫去，当即扣押。该师三三五团团长韩福山见师长、副师长被叫去开会至晚未归，估计事情有变，于是率全团官兵按原计划毅然起义。邱清泉在淮海战役中被击毙后，于一凡、金克才才得到解放。

附记

1948年我住在南京家中，时年21岁。当年5月去兖州的交通中断，接着兖州战役开始，有关战况不断传来，整编十二军"驻京办事处"的军官们用沉默掩饰着焦急情绪。随后，蒋介石（当时在西安）对霍撤换孙焕彩的不满也传到这里。不久办事处的军官见到我父亲发给蒋介石的电报，并把抄件拿给我看。电文中写道："外围据点相继失守，中央坐视不救，窥其用意不外借以消并异己……"办事处主任对这份电文颇感不安，认为该军还有整编一一二旅近在咫尺，按兵不动，一个新式武器装备起来的炮兵营也并未前去参战，撤换孙焕彩蒋已不满，再加上这样一份电报，很怕触怒蒋介石，招惹出意外的麻烦。而我看了这份电报却感到痛快，因为它使我多年来对蒋扣押张学良将军，排斥东北军的愤怨之情得到了宣泄。此后，我就与父亲失去了联系。7月的一天，国民党中央日报登载了"兖州守将霍守义已率部队撤出兖州"的一则报道。接着各种消息纷纷传来。为了得到确凿的消息，我请姜有章（姜是我父好友，也是我中学和大学时的老师）先生到山东去寻找我父亲。

不久，李玉堂到南京后，到我家对我说："我出城不久还曾和你父亲在一起，随后看见他带着部队越过泗河，以后的情况就不知道了。"又问："你有一个哥哥是在总统府军务局吧？我准备去见总统。"我说："没有。"接着又嘲弄了他一句："你是换了便衣跑出来的吧？"李玉堂矢口否认，颇为尴尬地离去。此后不久，王树军（原整编十二军参谋长）来到南京，告诉了我父亲在山东的近况。后来，姜有章先生也从山东回来，很高兴地告诉我：他在山东见到了我父亲，一切平安。我父亲还要求他到解放区工作，说那里很需要知识分子。他回来是安置一下家属，并向我传递父亲的口信："要在南京等待解放……"他在南京待了几天后，就高兴地投奔解放区去了。1948年济南解放后，姜有章被安排到济南某中学任教。

我为了继续和父亲取到联系，又叫杨奎（原东北军军官）去山东看望父亲。杨走后，熊仁荣从山东解放区来到我家，他对我说：他只因妻小都在江西老家，不然他也就和我父亲一起留在解放区不回来了。又说，他在解放区时间虽短，却比跟蒋介石几十年受益还大，这次打算回老家后，再不跟蒋介石干了。不久有两个宪兵来到我家，当时我不在家，他们向住在我家的顾介眉（原东北军的一名军法官）询问我的行踪，并说为保护将领公馆要在门口设岗。顾介眉说："将军本人不在这里。正实近来在家很少外出，因此在公馆门口设岗没有必要。"我回家后顾介眉把这件事告诉我之后，我更加小心起来。不久杨奎从山东回来，带来父亲给我的口信："如在南京家中感到不安全，可到上海暂时匿居。因为上海是大城市，不易被人注意。但要等待解放，不可远走。"同时，杨奎还带来了我父亲亲笔写给莫德惠（莫是东北乡绅，曾做过张作霖、张学良的高级幕僚。当时是中国银行董事长）的一封信，让其做东北军旧部的策反工作。一天晚上，我到中国银行面见莫德惠，把父亲的亲笔信交给他，然后说明了来意。

他把字条拿去看过就烧了，并说："这要是给人家知道了，还说我通共呢！"

济南解放后，南京的一家杂志曾披露：吴化文军长起义，这其间霍守义做了不少策反工作。不久，听说蒋介石派人将吴家监视起来。这事对我刺激很大，感到形势已相当严峻，再在南京待下去，恐怕有遭监视、扣押的危险。于是，我一面叫李梦珠（原东北军的一名军官）去济南与我父亲联系，让其转告我即将到上海匿居的事；一面请我的妻兄到上海抓紧给我找房子。随后，我就带着妻子到上海四川北路清源里十六号匿居，直至上海解放。

1949年上海解放，我即返回南京。这时，我父母也随"华东军大"来到南京。于是，我们全家得到了团圆。不久，我进入南京公安学校一期学习，接着参加了革命工作。

华东军事学院筹备成立，父亲又被安排到军事学院担任训练部研究员。有一次，陈毅元帅从上海到南京，曾在军事学院和我父亲见面，并一起进餐，畅谈抗日战争时在苏北的往事，还当着大家的面表扬我父亲说："你真够朋友！"

1952年，父亲转业后，担任了江苏省政协委员。他在任政协委员期间，为祖国的统一做了许多工作，曾在香港报纸上发表过文章。

1967年，父亲不幸去世。1980年在南京市政协礼堂召开了追悼会。当时，江苏省和南京市政协，中共江苏省委统战部和南京市委统战部送了花圈。

（1988年6月）

蒋军整编十二军三三二团被歼经过

李赓唐

　　1948年夏，兖州战役期间，我担任国民党整编第十二军一一一旅三三二团团长，奉命率所部参加了这次战役，现将我所知道的情况简述如下。

一、兖州守军的兵力部署和霍守义的思想动态

　　兖州战役期间，据守兖州的部队有：国民党整编第十二军一一一旅的三三一团、三三二团、三三三团，一一二旅的三三四团，军部直属部队。此外，还驻有山东保安第三旅的两个团，以及第十绥靖区司

令部所辖的特务营、宪兵队等，共计约2.8万人。

国民党整编第十二军的主力，原系老东北军的一部分。这支部队曾追随爱国将领张学良参加过西安事变，对蒋介石进行"兵谏"，要求停止内战，一致抗日，实行第二次国共合作。

因此，这支军队与中国共产党曾有过颇为密切的关系。如：中共党员、原中国人民解放军国防科委副主任万毅将军，在抗日战争时期曾在该部担任团长、旅长；国务委员谷牧同志，在1938年3月至1940年9月曾在该部做过"兵运"工作；此外，中共党员李欣、伍志钢、王希坚等人也曾在该部做过工作。

由于上述历史原因，当时掌握山东省党、政、军大权的王耀武对十二军不仅是用而疑之，并且有伺机拆散、搞垮的企图。

西安事变后，蒋介石背信弃义，软禁张学良将军，对东北军千方百计进行吞并、缩编、改编，以期达到消灭异己的目的。因此，整编第十二军的基本队伍——整编第十二师，虽然历尽艰辛侥幸残存下来，但却饱受蒋介石等人的排斥、打击、歧视。对这一点，该部广大官兵是深有感触和体会的。

鉴于这种情况，在兖州战役期间我曾建议霍守义军长率部起义。当时，我抱着很大希望对他说："我们这支落到后娘手里的部队之所以能残存到今天，是因为有中共的存在。蒋介石的目的是利用我们为他打中共，否则我们早就被其遣散了。为了我们这支队伍的生存和前途，我认为只有起义，跟着中共走才有生路；否则必将一失足成千古恨，恳请军长果断莫疑。"霍听后，沉思了片刻对我说："我们从九一八事变之后流亡关内，又身经八年抗战，历经磨难。咱们十多年患难与共，我相信你是不会叛离我的。假如别人说这样的话，我一定会把他扣押起来。你回团部后，要鼓励士气、好好作战。这样的重大问题，军部会慎重考虑研究的。"

此后，霍守义对这个问题一直犹豫彷徨、举棋不定。其原因：解放军对霍守义的策反工作做得不够，而霍又过高地估计了自己的力量。战役的结果，兖州守军以彻底失败告终，人民解放军也不可避免地付出了一定代价。

二、从顽抗到溃败

1948年6月初，人民解放军逼近并包围了兖州城。起初一段时间，解放军对兖州守军的战斗是打打停停，时紧时松。解放军的这种策略，使守军的弹药、粮秣逐日消耗，李玉堂、霍守义感到难以维持，便不断向徐州"剿总"呼救，要求予以支援。蒋介石也千方百计为其输血打气，但是他从徐州、济南派来的援军，在途中遭到人民解放军的截击，很快便被打退。这样，他只好不断地从徐州派来飞机，对城外人民解放军驻地进行轰炸，给城内守军空投急需的物资。但解放军的炮火很快控制了兖州飞机场，飞机无法低空飞行，因而在空投时目标很不准确，经常砸坏房屋，砸伤、砸死人畜，守军官兵对此大伤脑筋。

当时，军部交给三三二团的任务是：防守从新西门（不含）经西北城角，到东北城角（含），并以一部兵力在旧关防御。

解放军不断主动地向守军防地进攻。他们士气高涨，斗志昂扬，战术灵活，更替作战，轮换休息，在战场上处处主动。而守军士气日渐消沉，战场上处处被动挨打，随之厌战情绪也与日俱增。6月22日午夜，人民解放军一举将我团九连在旧关的阵地占领，迫使该连败退城内。霍守义得知这一情况后，气愤地打电话对我说："你团丢失旧关的连长廉清泉要立刻到军部来。旧关这个据点很重要，你一定要负责给我收回来。"廉清泉到军部后，军法处立即对他进行了宣判："连长廉清泉擅自放弃阵地，判处死刑。"随后便在火车站水塔旁枪毙了。当时与廉同时被枪毙的还有三三一团的营长南广田等人。据说南营长被杀的原因是：让其率部出击收复西关，而南却托病不去，故以抗命不遵之罪被杀。

军部杀鸡吓猴，我当然也受到震慑，接到霍军长让我负责收回旧关的命令后，顿时忧心忡忡、心惊胆战。我知道要从解放军手中夺回旧关绝非易事。我坐卧不安，苦思冥想，终于想起了《军事教课书》上所说"应用战术兵器在瞬间发挥其最高威力，足以克敌制胜"的原理。于是，我将团的迫击炮连和各营的炮排，全部调集到天主教堂西边的一片空地上，然后让他们向旧关试射。果然，所有大炮均能命中目标。于是经过筹划准备，便命令所有大炮一律采取三发连射的打法。在我的指挥下，各炮连续多次发射，刹那间倾泻在旧关的炮弹足有200多颗。霎时，旧关硝烟弥漫，尘土飞扬，一时造成了窒息气氛。这样，迫使解放军不得不暂时撤离旧关。我见时机已到，就命令本团八连轻装急速进占旧关，并派电话班随行铺设电话线路，随即用电话向霍守义报告："旧关已经收复，电话已经接通。"霍听后只说了一个字："好！"这个"好"字使我如释重负，甚至有死而复生之感。

双方经过月余时间的战斗，守军城外的各据点已先后被解放军攻占。军部经观察研究，断定解放军的主攻方向是在西面，于是决定在7月6日开始沿西城墙以东50米处，挖筑一条南北战壕。原计划这条壕沟深、宽各4米，以备解放军一旦破城攻入，即以此作为第二道防线抗阻其向前进展。但因当时战况紧迫，这条壕沟只挖了深约2米，便不得不草草收工。

7月12日下午，解放军对兖州发起总攻，其主攻方向果然选在西面。解放军既英勇善战，又机智灵活。他们将西关外的房屋墙壁打通，隐蔽地向守军靠近，并利用靠西门最近房屋的东山墙挖出炮眼，然后架炮瞄准，对守军碉堡进行短距离射击，很快西门一带城墙上、下的许多碉堡便被摧毁。接着，解放军将自制的轻便木桥搭在护城河上，随即勇敢地踏桥过河攻占城垣。当天夜里，解放军一部由西南城角首先突进城里，并迅速占领了天主教堂附近的街道。

13日凌晨，西北城角的阵地仍在我团手中。天蒙蒙亮时，解放军三四百人正南北一线，展开于城墙与守军第二道防线间的开阔地上。当时，我正在那儿视察战况，防守该地的我团三营营长王殿升向我请示说："团长，敌人已越过城墙，我调轻重机枪向南进行侧射吧！"我说："不行，看看再说。"我当时想：这是在打内战，解放军也是中国人，况且抗战时曾一起打过日本鬼子……这样解放军就减少了损失。每当忆及此事，我因参加内战而负疚的内心才稍稍感到宽慰。

13日下午，第十绥靖区司令官李玉堂见大势已去，便带着保三旅的少数骨干分子出东门向徐州方向逃走了。在这种情况下，守军伤亡虽然不太严重，但疲惫已极，军心涣散，士无斗志。霍守义见李玉堂逃走，对我们未做任何部署，也仓皇带领少数部队出东门过泗河，企图突围逃走。李、霍一走，兖州守军失去指挥，不战自乱，继而争相夺路出城外逃。当时东城门附近，人山人海，拥挤不堪，互相践踏，死伤者无数。那种惨景使人目不忍睹，真如书本上说的"兵败如山倒也"。

当日下午，我率领本团人员随大队人马出城向东南方向逃走，被解放军截击而西折，沿铁路东侧公路南行，后顺公路穿过铁路洞子，沿铁路西侧道路南行。这样没走多远便发现数名解放军，持枪站在一个大土坑西边向我们喊话："缴枪不杀，优待俘虏！"当时，我们广大官兵慑于解放军的威严，也由于内心的厌战情绪，没有一个人开枪反抗。像上帝预先做了安排似的，我们依次走到坑边，将携带的武器轻轻地放进坑里，土坑便成了收缴枪支的天然仓库。那时，我们秩序井然的情景如同军事演习一样。说句迷信话——真乃天意使然也。只不过是少数解放军战士振臂一呼，数以千计的溃兵便俯首缴械投降，这在军事史上也是闻所未闻的战例。兖州战役结束了，我们这支被国民党收编的东北军一部也以彻底失败告终。

事情已经过去40多年了，本文只凭个人记忆写成，如有纰漏不当之处，敬请知情者给予补正。

霍守义投诚后对记者谈兖州战役

在华东军区解放军官总团队部，前国民党军整十二军中将军长霍守义与记者倾谈他在兖州战败的情形：

"兖州被围后，我（霍自称）指挥防御，一直没有安稳地睡过觉。那些日子真像过了十几年，到今天脑筋尚未恢复过来，还时常发愣。

"在不大利于进攻的城东面作战时，突出点大铁桥与金口坝甚至一夜争夺三次，算是没有丢，满以为守得不错。谁知以后，突围溃军也就在那一带被歼。

"解放军攻击防御重点西关后，我才知道糟了。三个点经几次反扑无效，终于收缩兵力，只好放弃。我又连忙在西关外加修了能容纳一营人的临时据点。10号晚上，解放军向这里进攻，我伤亡80多，也就撤进了城。同时我急调三三四团来守城墙，我叫马团长留一个营作机动，他怕来不及策应，把两个营都放上，经不起解放军的炮火，马振铎自己负了伤，并向我报告兵员伤亡了2/3。

"12号晚上，解放军涌进城。始终主张死守的李玉堂也不得以承认大势已去——在抗守中，十二军已被歼灭一大半了。天明时候，他命令我支持到天黑突围，可是步炮攻势凶猛，败兵一片混乱，七零八落，第二线根本控制不住。要是能早些突围，伤亡也就不会这样大了。

"宁失济南，不丢兖州。兖州是徐州、南京的大门，这在前年莱芜战役李仙洲被俘时，南京就这样指示过的。现在兖州解放了，济南孤立，更处于易攻难守之势，难以保住。"

霍守义接着叙述他的白费心思的待援："兖州战事一开始，第十绥区司令官李玉堂天天向徐州'剿总'电告战况，每天都要求'速派援军'。我们夸大了城外解放军的数量，希望能早得援军。同时，我又通过电报直接电请蒋介石，我在抗战中曾出过力，为什么不救？我又电在南京的东北元老莫德惠：我现在被围，又无援军到来，是故意消灭我吗？请帮忙在蒋介石面前快些催促援军前来。"

但是，"南京方面气都不吭。徐州的刘峙，为了保住大门，接连来电：援军已由鱼台、济南、徐州出动，不日即可合围。刘峙又电王耀武，限吴化文部的援军12日晚到达，否则有意外，由吴负全责。刘峙在9号上午又亲临兖州上空投撒传单，假造了豫东'大捷'的战果，又漂亮地说着：'我今日来此看看你们的艰苦奋斗，援军不日即可到来。'在鱼台的邱清泉也来电：'请准备弹药，不日可到。'但是，从徐州出来的黄伯韬部，本来说两天即可赶到，后来又转到豫东去了。这次的援军不出来犹罢，中途折回，困守中的士气一落千丈。从济南方面出来的援军，第一天到了界首，王耀武即说济南吃紧，于是所谓的援军就回头了。第二次以每日七八里的速度出来援助，被解放军阻歼于大汶口。王耀武的援军只是装模作样的，而邱清泉方面更没有下文。"（按邱兵团图援睢杞被围之敌，沿途遭解放军阻击，损兵8000余）末了，记者问起："你对万毅将军——过去你的部下——滨海起义的感想如何？"霍稍愣了一会儿，感慨地回答："我现在是一个俘虏，万毅是纵队司令，过去我认为他的道路错了，现在明白他的前途是无限光明的。"

（原载于1948年8月17日《大众日报》）

蒋军整十二军残部被歼记

郑树春

1948年7月13日下午，被解放军从兖州城里追赶过来的蒋军整十二军残部正向东南泗河铁桥狼狈逃窜，妄图夺路逃命。岂知解放军早已张网以待了。

当部分敌人窜过铁桥时，解放军预伏的炮兵立即发射，颗颗炮弹命中敌群。某部的轻重机枪也密集地封锁住泗河铁桥，敌人没命地四散逃窜，死伤甚多，其余乱七八糟地拥过河去，向铁路两侧逃窜。解放军立即从西南正面、东南侧面合击敌人。部队刚出击，便将迎面遇着的敌人缴了械。

七连拦腰卡住了敌人，向其进击。第一排接连投了三排手榴弹，迫使先头敌人放下武器，一排副宫天英扭下敌人的机枪，交给战士王文仙向敌群射击，过了河的敌人接着就一批一批放下武器。宫天英和王文仙又发现前面约40米远处有一群敌人，前头一个军官执着手杖，腰间背着望远镜，后面一群背着手枪，有六七匹马，并跟随着几个眷属。这时，王文仙压好了机枪，宫天英把大盖枪上好刺刀，在壕沟中喊道："弟兄们！缴枪不杀，过来优待！军官也优待。"敌人慢慢走过来，宫天英上前道："不要害怕，坐在这里！"接着问那个军官："你是团长还是旅长？"那人答道："我不是！"刚说完，一个卫兵模样的人走过来问他："旅长，怎么办？"那人把头一掼，沮丧地说："交了吧！"接着，他的卡宾枪班、冲锋枪班、匣枪班一一放下了武器。这时，王文仙同志又走到这个被俘的蒋军旅长面前说："你不要害怕，解放军抓的蒋军军官比你大的'扛货'（多的意思）呢！我也是昌潍战役解放过来的，不用几天，你就了解啦！"那个蒋军旅长点点头。接着王文仙又问："你是哪个旅的旅长？叫什么名字？"并说："快叫你的部下交枪吧！"他回答说："我是整十二军一一一旅旅长刘书维。"他对他的部下说："弟兄们！解放军优待咱们，快交枪吧！"在俘虏群中，刘书维看到他的部下三三一团团长林学骞，向他招呼说："林团长，这里是八路军，不要再走了，坐着休息吧！"

桥上桥下拥过来大批俘虏，一个个两手高擎着枪。解放军同志告诉他们说："武器放下，私人东西一律不要！"一面把他们带向俘虏收容所。不一会儿，枪和弹药集满了铁路桥洞。

俘虏们一批一批放下了武器，背着自己的包裹，随着长列的俘虏群走去，有的嘴里吃着解放军同志给他们的干粮，有的一边行着军礼，一边叫嚷着："报告，我们的武器都交了！""我们早就了解解放军的政策。""我们并不愿打仗，被当官的逼得没法子……"

在暮色苍茫中，还陆续有三三两两逃散的蒋军，打听去解放军的俘虏收容所的方向。

（原载于1948年8月7日《大众日报》）

整编十二师被歼经过

曹承彬*　汤位东　王　然

兖州战役经过概况

1948年山东兖州，是国民党军的一个重点防守地区。因其地处津浦中段，扼徐（州）济（南）咽喉，国民党军把它看成是当时的战略要地，于1948年春设置第十绥靖区司令部及绥靖区地方行政长官公署于兖川，以图统一指挥和控制所辖区内的军事政治。

---

*曹承彬，系蒋军十绥区司令部政工处少将处长，1948年7月在兖州被俘。

第十绥区司令部是由整二十四军军部（又称徐兖绥靖司令部）扩编的，该军军长李玉堂为绥靖区司令，肖圭田为参谋长，陈家垢为副参谋长，下辖八个处。李玉堂兼第十绥区地方行政长官，该长官公署内设有秘书长一人和两个处。

当时山东潍县和周村相继解放，战略要点只剩下兖州和济南，并又盛传解放军要攻打兖州，李玉堂对这种情势，日夜忧惧不安，于是在兖州积极备战，挖掘战壕，修筑城防工事，扩建城墙，企图以此抵抗解放军的进攻。从1948年3月开始扩建的东关城垛高达数丈，所需建筑材料大红石头，都是从泰安运去的，每次运大石头、石灰、木料等的车子达近百辆。在沿西关城边一带强迫民夫挖战壕，壕的宽深均在4米左右，并引水灌壕，以图阻止解放军越壕登城。所有修建城防工事的民夫，除在兖州就地征集外，李玉堂还手令附近各县政府强征，人数少者1000余人，多者3000人，并自带粮食工具应征，人民怨声载道，当时有两个民夫因老病不胜劳役，被鞭笞懊恼而死。在修东关城防工事时，李玉堂曾乘吉普车去看工事，在工地横冲直撞，又被汽车压死一个民夫，但李玉堂反而怒骂："他该死，如果是个活人，不会压坏。"

兖州虽是当时国民党军的重点防御要地，但第十绥靖区司令部本身并无战斗部队，只有几个直属部队，如特务营、通信连、输送队等。遇战事发生由国防部及徐州"剿总"临时指拨几个军、师受其指挥（绥靖区属地方性编制，无固定部队）。兖州战役前，拨归其指挥的是整十二师（即十二军），该师师长霍守义，副师长熊仁荣，参谋长王树军，下辖3个旅，旅长于一凡、孙焕彩等（另一个忘记姓名），1948年5月该师师部驻曲阜，一旅驻泗水，一旅驻新泰，一团驻滕县。5月底解放军在鲁南进军胜利，泗水解放，整十二师移驻兖州，奉命担任兖州城防，李玉堂给予霍守义军事指挥全权，所有兖州城内外军队，归其统一指挥调用，霍部除3个旅外，还有直属团队，以一个旅驻济宁，以两个旅分驻兖州城内外，旅的番号与部署情况不了解。

5月底解放军对兖州外围形成包围态势，6月初进逼兖州城。当时十二师部队主要是两个旅在城东关外附近地区，并凭借泗河与解放军隔岸对峙达一月之久，大小战斗约一二十次，伤亡情况不详。

当时围攻兖州的解放军，闻有4个纵队，据绥区参谋处的人说，其中有七、九两个纵队，绥区及整十二师指挥人员和一般官兵，听到有七、九两纵队来攻城，都心惊胆战，非常害怕，并说："他们不会空回去的，他们是攻一城取一城，攻一地得一地。"约在7月初，解放军越过泗河直趋兖州城郊，情势紧急。7月11—13日，战争最激烈，这几天兖州城内空地，有时落下未炸的炮弹，并不断有飞弹掠空而过，双方枪炮声不绝，蒋军的轰炸机不时向城外解放军扫射和投弹轰炸。这时兖州城外十二师的部队都败退于城内，约三分之二的兵力在城墙上凭借已做好的工事顽抗。当时城内的兵力，整十二师两个旅及师直属部队共约7个团，一万四五千人（在济宁的一旅除外），绥区李玉堂新拼凑的一个保安纵队两个团及直属部队约5000人，总共约2万人，以三分之二的兵力应战，三分之一的兵力为总预备队。

战事到最后阶段，人心动摇，士气沮丧，认为已朝不保夕了。人与人碰面时都垂头丧气地说："援军为何不到，我们快要被八路军活捉去了。"在这种情势下，李玉堂及其帮凶们还千方百计地妄想挽救兖州局势，以十万火急电报不断电请"中央"求援。

当时济南整八十四师吴化文部于7月11日已到达大汶口，蒋介石空投命令要吴化文师钻隙南下，增援兖州，否则兖州有失唯该师长是问。但吴部到达大汶口后，当被解放军截击，并消灭了吴师的一个旅，迫使吴化文不能南援，同时徐州方面的黄伯韬兵团，驰抵滕县，因豫东告急，又转向豫东，原驻滕县的余兆龙师奉命派了一个团北上援兖，在途中界河被阻，仍折回滕县。

7月13日上午，兖州城外的解放军一部突破西关一个缺口，登城而入，开始只有少数部队在城内巷战，未久，城外解放军大部冲入城内，此时除东关一带绥区司令部及整十二师师部外，其余多为解放军占领。至午刻李玉堂看到解放军快要逼近司令部所在地，认为大势已去，惊惶万分，急电霍守义说："我马上到你那里来。"（十二师指挥所）并即命令绥区司令部人员，都出城到东关车站集中待命，于是人山人海，争先出城，东关拥挤不通，人马践踏，哭闹不绝，有一部分老百姓害怕飞机打伤，也跟着挤出城外。

绥区人员集中车站约一小时之久，枪炮弹已不断打到了车站，此时都由车站向泗河方向乱跑，李玉堂、霍守义及守城部队均纷纷弃城向泗河方向逃奔，霍守义及其高级人员在由城关逃出不远的地方即已被俘。一部分在城内未及逃出的均被俘。至此，十二师除驻济宁的于一凡旅外，全部歼灭。绥区参谋长肖圭田等高级人员多数化装逃走，被俘的处长只有二三人。李玉堂由城逃出越泗河至微山湖后，即化装一老百姓坐渔船到临城，乘火车逃往徐州。至此，兖州战役结束。

维护反动统治的政治经济措施

1. 1948年7月，兖州被围中，李玉堂曾指令绥区参谋、政工两处组织督战队，以振士气，该队队长、副队长由绥区监察官（姓名忘）和政工处科长李丙焘分别担任，下辖两个督战分队，其分队长和队员由参、政两处派员组成，并各配一个排的兵力，主要任务是对当时守城部队官兵，负有监督查访检举之责，如有作战不力之官兵，则随时呈报李玉堂处理，并明察暗访，日夜巡逻，特别防止解放军"兵运"。自督战队组成以后，因它严格执行任务，延长了解放兖州的时间。

2. 自7月10日以后，绥区政工处曾指导驻兖州之人民服务第七分队监视兖州中学和师范两校师生的一切活动，限制他们和外面来往通信，防止他们有"越轨"行动，特别注意考察其思想状况，企图阻止青年学生倾向革命。

3. 在围攻紧急时，绥区政工处曾指示整十二师政工处组织"前线喊话队"，妄图动摇兖州的革命战士。绥区政工处还指派其直属营连政工人员分赴城区各保坐镇监视，以防"意外"。

4. 1948年6月，绥区政工处在兖州组织了一个"宣传委员会"，其组成人员为绥区政工处、整十二师政工处、兖州党政团三方面的负责人为委员，绥区政工处长曹承彬为主任委员，下设4个宣传分队，分别担任对人民作欺骗宣传，如写捷报、战讯、壁报及口头宣传等。当时这一宣传组织所起的作用，在于夸大守城部队战果，捏造解放军的伤亡数字，并不时在战讯上造谣说："中央大军增援已到来，解放军不日退走"，以这些伪宣传去欺骗和稳定当时兖州城内的军心民心。

5. 绥区政工处在兖州组织了一个党政军民联席会报，联席会报主席为李玉堂，秘书长是绥区政工处长曹承彬兼任。参加会报的人员为兖州党、政、军、教、民等机关团体负责人。会址在绥区政工处，每周照例举行会报一次，如组训民众、检查户口、军民合作宣传和军民间纠纷等都得提出会报讨论决议，并利用会报作处置革命人员的场所，有时逮捕的地下工作人员，则呈请会报主席批准处理。会报的主要任务是动员和加强党政军民的反人民联合力量，使之一元化，在李玉堂的控制之下，以抵抗人民解放军的进攻。1948年4月绥区政工处曾主持兖州全城户口检查，参加检查的有绥区司令部各处及特务营和地方党政机关等，当时查出20余人，李玉堂交政工处查询以后，内有4人系地下工作人员；4月下旬联席会报时，由政工处签呈李玉堂批准枪决，这是联席会报杀害革命人员罪行之一。

6. 兖州军民合作站加深了兖州人民的沉重负担。绥区及其所属各部需用之床铺桌凳等都由合作站供应，尤其是部队所需燃料、马料，均由合作站供给。这些供给品的代价，常是低于市价十倍的官价，甚至一文不给。这些赔本都出自兖州人民身上，由兖州县政府加重对人民的派捐、派款来弥补。绥区司令部及政工处经常派员驻站督办对部队的供应事宜。

7. 绥区政工处规定对兖州邮政局、电报局，每日指派人员按时进行检查来往邮电及书报等，尤其对进步的刊物，查出即予扣留。计先后查出以及由各部送交的进步书刊有10余种，均呈送南京国防部政工局去了。

8. 绥区政工处在兖州时，曾派该处科长李仲调协助兖州县政府对一般民众进行"感训"。感训的对象，由地方提名，认为容易接受进步思想及有进步色彩的青壮年，均得提名受训，先后办过两期，由县政府主办，每期100人，受训两周期满，仍回家。

9. 1948年春，李玉堂指挥的二十、七十二、八十四等师在反人民战斗中俘虏的人民战士，及被释回的归俘，先后由各师送到绥区司令部受训的约200人。受训课目，主要是"精神讲话"和"个别谈话"，以考察其言语、思想、行动，并派政工处科长李丙焘负责主持训练事宜。其主要目的在于使归俘人员通过受训，继续为其反动统治效忠，被俘的人民战士及归俘人员受训后，均送往徐州剿总安置。

追忆兖州战役和保三旅被歼

葛 鳌*

兖州战役时，我担任山东省保安第三旅旅长，兼任邹县城防司令。现将当时的一些亲身经历和所见、所闻的情况回忆如下。

一、李玉堂和王耀武的矛盾

日寇投降后，蒋介石即派得意门生王耀武以第二绥靖司令官兼山东省主席名义镇守济南。王系山东人，是黄埔军校第三期毕业生，素

---

*葛鳌，当时任国民党山东省保安第三旅旅长。

041

以治军严格著称，抗战后，曾参加淞沪会战、南京保卫战、上高会战、长沙会战等战役，颇有战功。内战爆发后，王在山东积极执行国民党的内战政策，深得蒋的器重。当时他拥有四个军，全是美式装备，约20万人。

第十绥靖区司令长官李玉堂，当时坐镇兖州，本人却无基本队伍。遇有战事发生，由南京国防部及"徐州剿总"临时指拨战斗部队受其指挥。兖州战役前夕，拨归其指挥的部队有国民党第十二军（军长霍守义）、山东省保安司令部直属的保安第一旅和保安第三旅。李玉堂虽然是黄埔军校第一期生，资格比王耀武老，但他的地位和军事力量都不如王耀武，加之李玉堂不愿拿钱在国民党要员面前活动，因此他没有取得山东省主席的宝座。但是，李玉堂平时总爱摆黄埔军校第一期生的老资格，认为王耀武资历太浅，缺乏作战经验，得以高官厚禄，完全是由于受蒋介石一人之宠。为此，他总是想伺机夺取王耀武山东省主席的职位。因此，李、王之间存在着尖锐的矛盾。

二、李玉堂的兵力部署和任务

第十绥靖区司令官李玉堂的司令部设置在兖州西城内。当时，受李指挥的兵力约5万人。兖州战役前夕，驻在兖州城内的部队有：李玉堂的直属部队，如特务营、通讯连、宪兵队等；十二军军部直属部队，一一一旅及一一二旅的三三四团。保安第三旅两个步兵团驻邹县，该旅另一步兵团驻邹滕两县之间两下店车站。保安第一旅的两个步兵团驻大汶口。十二军的独立旅驻曲阜。十二军的一一二旅的两个团驻济宁。

国民党第十绥靖区司令部设在兖州的主要目的和任务是：企图统一指挥和控制所辖区的军事、政治；配合鲁南各县国民党政权和地方武装，搜集解放军的政治和军事情报；保护津浦中段铁路及桥梁，防止解放军"破坏"交通线；指派干探搜集周围情况。另外，各部队除巩固当地防务外，还经常向其附近地区展开游击战，多次进犯人民解放区，破坏其人民政权和经济，妄图消灭鲁西南地区的革命力量。

三、国民党军在兖州外围的抵抗与保三旅被歼

1948年初，人民解放军在鲁中集结重兵，准备南下，解放津浦铁路中段广大地区。当时驻在兖州的国民党第十绥靖区，为维护自己的统治，经常在鲁西南地区进攻人民解放军。

那年4月上旬，李玉堂命令十二军的独立旅派出一个步兵团，由曲阜县出发向泗水县境内进犯，激烈的战斗达3小时之久。人民解放军约一个团的兵力，以猛烈的炮火反击。当时国民党军损失约两个营的兵力，所剩下的残兵只有一个营。在这种情况下，残兵们突破人民解放军的包围，十分狼狈地逃回曲阜城。

5月中旬，邹县县政府搜集到人民解放军在该地区的活动情况：

有解放军一个团的兵力，在邹县东北地区香溪镇一带活动。绥靖区司令部接报后，即用电话命令我保安三旅，出动两个团的兵力，前去该地区进犯。这次进行了长达6小时的战斗，双方均损失很大。由于我们突然袭击，解放军伤亡50余人，被俘19人，其中有地方干部4人。当时，保安队把4名地方干部就地杀害。战斗结束后，我又命令团长派出两个营的兵力，在香溪镇一带抢粮3000余斤、耕牛5头。

6月初，李玉堂又搜集到人民解放军的情况：有解放军约一个团的兵力，活动在邹县东北地区，即尼山赵庄一带。李玉堂又命我旅派出三个团的兵力，前去进犯。我当时派出三个步兵团及邹县三个保安大队，分三路向该地区突袭，并采取四面包围的形式把尼山赵庄一带围住。当解放军发觉我们的意图后，主力部队边战边撤，迅速转移到有利地带。由于我们的兵力大大超过解放军，因此在战斗中，解放军伤亡80余人、被俘42人，被俘的还有地方干部15人。我们就地休整时，我命令邹县县长将逮捕的地方干部查明身份后，在赵庄北头草坪上杀害了7人，其中有一名是人民政府的乡长。同时各团又在该地区抢粮5000多斤、耕牛5头，还有其他东西。该地区经我旅袭击后，当地革命政权遭到严重破坏，人民群众在经济上受到严重损失，精神上受到沉痛的折磨。我旅回防邹县后，即将战况汇报绥区司令部。李玉堂接报告，命令我把被俘的42名解放军官兵，解送到兖州。以后，李又将这批人移交徐州陆军总部。

6月上旬，邹县国民党政府又向保三旅提供解放军的活动情况：解放军约一个营，在邹县东北地区将军堂一带活动。我用电话将这一情况报告绥区司令部。李玉堂命令我旅立即出动两个团前去"围剿"。我当时命令第二团、第八团和邹县3个县大队前去该地进犯。双方经过4小时的战斗后，解放军为避免更大损失，迅速转移到其他地区，我们也未继续前进。那次战斗俘虏人民解放军战士35名、地方干部5名；抢粮3000余斤，拉走耕牛3头。当时我命令邹县县长将5名地方干部就地杀害，将35名解放军战士送交邹县国民党政府关进监牢里。进犯将军堂的战斗结束后，我接到李玉堂的电话指示：现有解放军几个纵队的兵力，在鲁西南地区集结，有攻取津浦路中段的企图，其中新八纵队的3个步兵团，目前已到达邹县城东北郊地区。命我旅立刻做好与解放军作战的准备。

1948年6月5日，人民解放军南下津浦线，首先解放了泰安城，消灭了该地国民党驻军杨文泉师；尔后继续南下，又解放了大汶口，歼灭保安第一旅两个步兵团。随后人民解放军新八纵队到达邹县城近郊，并将邹、滕之间的铁路线切断。在这样紧急的情况下，我命令十七团由两下店车站迅速撤回邹县集中，妄图加强邹县城防务。6月6日，我派出两个团的兵力，向邹县城外的东北郊高地出击。同时，李玉堂又从兖州派出一个步兵团与一个炮兵营前来协助。双方战斗达4小时之久，据我观察，当时人民解放军有一个纵队，并拥有一个重炮团。他们以猛烈的炮火向我们反击。在这种情况下，我即将保三旅的两个团撤回城内，十二军前来支援的步兵团及炮兵营也返回了兖州城。我回到邹县城里后，依靠防御工事，仓皇被动地进行防守。即日晚10时，我接到李玉堂电令：要我保安三旅抽调两个团的兵力，即刻开往兖州增防，并命令我旅第二团、邹县三个县大队，由我指挥守备邹县城。在李玉堂催促下，就在这天午夜，我不得不命令参谋长率领两团部队赴兖州增防。这时，我只有相当于两个团的兵力困守邹县城。6月8日早晨5时，驻邹县城附近的人民解放军新八纵队、十三纵队及一个炮兵团，逐渐缩小包围圈，将邹县城四面包围起来，攻城的炮火也越来越猛烈。当时我指挥部队，依靠城防工事，也只能拖一天算一天。

解放军围城一星期后，即6月14日那天，又以猛烈的炮火攻城，致使我旅伤亡达800多人，第二团团长俞延龄负重伤。这时，我们的弹药已所存无几。当时我认为已经无法支持，便用电话报告李玉堂，请他想办法援救我部突围。李玉堂答复：要将城内的部队调整好，待机突围；经请示徐州陆军总部，打算派飞机掩护你们。当日晚6时，我与城防副司令讨论突围计划，并决定突围成功后，向济宁方向逃跑。于是，我指派数百人，在邹县城内挖地道3条，等飞机来掩护时好突围出城。6月15日上午8时，解放军自西门以炮火猛攻，西门城防工事被炮火摧毁，并突进解放军两个排的兵力，我便集中3个步兵连向人民解放军反扑，所突进的解放军两个排几乎伤亡殆尽。我旅恢复阵地后，解放军攻城的炮火更加猛烈，勉强支持到午后3时许，解放军又突进一个营的兵力，我部伤亡很重，完全失去了战斗力，已无法挽救失败的命运。在这种情况下，我即下令所部向解放军缴械投诚。邹县城遂被解放，我也被活捉。解放军将我押解到司令部。正当把被俘人员向一处集中的时候，邹县城上空出现了国民党数架飞机，企图掩护我部突围，在邹县城上空盘旋，并向城内投下大批炸弹，炸伤人民群众10人，炸毁民房10余间，给邹县人民又一次带来重大灾难。

四、兖州守军的覆灭

人民解放军攻克邹县以后，又迅速移师兖州城下，对该城四面包围。当时济南—兖州间及兖州—临城（今薛城）间的铁路交通已被人民解放军切断，国民党军只能勉强维持空中交通。津浦铁路中段各据点的守军已大都被人民解放军所消灭，只有兖州城内的李玉堂还对局势抱有幻想，继续抵抗。当时兖州城的守军3万余人。6月上旬，人民解放军山东兵团的部分部队开始对兖州东关外补充团的泗河阵地作试探性进攻，兖州东关外飞机场已被人民解放军的炮火所控制。6月下旬，解放军的攻城重点转移到南、西南，战斗渐趋激烈。解放军的爆破班奋不顾身地冲到城郊碉堡阵地，施行爆破，但守军以地形开阔、火力封锁发挥了作用，解放军后续部队很难扩大战果。解放军虽然尚未展开决定性的攻击，但停停打打已有一个多月，守军所盼望的援军仍无影无踪。李玉堂开始焦虑不安，守军伤亡日益增加，医药渐感缺乏，给养也很难维持了，长此下去，前途堪虑。李玉堂表面上对解放军似不在乎，并曾自欺欺人地对部队说：兖州城内有10万"神兵"助战，要求守军坚持奋战，到时候自有援兵到来，解兖州城之围。这期间，李玉堂曾采用封建迷信的手段欺骗他的部下，妄图挽回局势。他经常与一贯道的头子阎仲儒来往，共同策划反动计划，在城内训练所谓"刀枪不入的神兵"。6月下旬的一天，李玉堂听信他的信奉反动道会门副官处长的蛊惑,将其平素训练的"神兵"使用出来。百多名手持大刀指手画脚的"神兵",由兖州南门出城,向人民解放军阵地进犯。他们出城后不久,就被解放军消灭了大半,剩下的狼狈逃回城内,再也不敢出战了。

7月12日黄昏,人民解放军对兖州城展开了总攻,炮火之猛,前所未有。不多久,解放军攻破了十二军的西城据点,随后又迅猛地攻到天主教堂附近。不久,解放军攻占了天主教堂(在这个位置上能俯瞰兖州城里的西半部),迫使第十绥靖区司令部慌乱向东城转移。李玉堂看到大势已去,已无法挽救失败的命运。7月13日上午,人民解放军在城内进行英勇巷战,包围圈渐趋紧缩。这时,守军已成混乱状态,有的原地抗拒,有的自由逃窜。当日下午,李玉堂见情况紧迫,穿便衣化装后,带领少数僚属出东门向徐州方向逃遁。霍守义见李玉堂逃走,于是也带着他的老婆崔则先慌忙出逃,后在泗河以南投诚。十二军官兵听说李玉堂、霍守义已经逃跑,于是都拥挤在东门附近,乱成一团,人马践踏,哭叫不绝,争相逃跑。当日下午4时,兖州守军在解放军的强大攻势下,纷纷放下武器,兖州战役遂告结束。

（1963年4月20日）

济南战役前增援兖州纪要

瞿贤炳*

　　1948年7月，济南国民党军处在四面楚歌中，解放军在外围不断地攻陷城池、村庄，大片大片城乡被解放。国民党原在山东各地，依靠顽军控制大面积地区，在受到解放军不断地打击下，其范围由面的占据收缩到线的交通，只有守护之力，没有进攻之能。至1948年春连交通线也维持不住，只能守御在交通线上若干点，等着挨打，完全处于被动地位。

---

　　*瞿贤炳，当时任国民党军整编第二师政工处处长。

一、兖州驻军情况

1948年7月上旬，解放军围攻兖州。当时兖州驻军是国民党整编第十二军霍守义部队（属第十绥靖区）。霍部原属东北军系统，是1945年8月日军投降后，于10月随李延年来山东受降的主力部队之一。随李来山东有骑二军廖运泽部两个骑兵师和十二军霍守义部两个步兵师，以及交警总队山东独支队。我是支队第三大队长，负责李延年副长官部的警卫。跟随来的还有山东省府警备旅一个团（300来人，一个辎重营300来人），于10月10日到达济南。这些部队来到山东后，接收完毕，就留在山东未走。

1948年4月，解放军先解放济南以东沿胶济线要冲之潍县，接着第二次解放了张店、周村等据点。至此解放军在济南以东以北解放区由点扩展成面，和老解放区连成一体，把济南驻军由外围压缩至龙山郭店之线。

解放军在东线得手后，紧接着肢解津浦南段的中心——兖州。兖州在战略上说是济南的南方屏障，扼津浦南段之中心，兖州不保，济南势成孤岛。果然，就在1948年7月中旬，兖州被解放军解放了，霍守义部被歼，解放军此举在军事行动上意义就更大了，北向进逼泰安，直迫济南。在此形势下，济南守军不得不龟缩到崮山、炒米店、党家庄沿市西郊之线，构筑工事，苟延残喘。

二、济南驻军态势

当时济南驻军部署态势，东至郭店、王舍人庄、华山、砚池山之线，西至崮山、炒米店，北依黄河（河以北全部是解放区，仅有齐河县城、鹊山桥头阵地两只眼睛），也就是说济南东线沿胶济路已被解放军肢解数段，胶济路全线完全在解放军掌握之中。津浦南段解放军攻克兖州后，南逼徐（州）海（州）北围济南，在战场已争取到主动权，克敌制胜更有把握了。

济南近郊，虽有标（山）华（山）鹊（山）岳（山）之利，可筑碉堡、挖壕堑，火网交织，形如天堑。又有四（四里山）、千（千佛山）、金（金牛山）、七（七里山）连绵起伏，乃军事设防的有利地带，北隔黄河成一天然地障，山水依恃，碉堡林立，壕堑通畅连成百里，从表面来看气派之大，固若金汤，从实质来看不堪一击。

当时的实际情况，山东整个形势败局已定，济南是山东之心脏，其四肢已断，成为孤岛，征召兵源已经枯竭，粮秣筹措也已乏术，百万市民供应无着，奸商囤积居奇，物价一日数涨，米珠薪桂，势难维持。驻军炊事，乱砍林木，即使果树经济林也不能幸免。

国民党军队中，将帅不和，派系分歧，形成骄兵堕将，无视大局，持美械以自恃，凡此种种注定必败之因，序幕开始一触即溃，济南已不是固若金汤，而成为一潭死水，终成瓮中之鳖。

兖州被攻，济南解放信号已现，济兖之间唇齿相依，唇亡而齿寒，焉能置之不理？于是援兖就这样开始了。

三、援兖行动

1948年7月，兖州被解放军猛烈攻打的时候，徐（州）济（南）两面都去增援，济南方面由吴化文整八十四师和晏子风的整二师去增援、解围。吴部在前，晏部尾随在后。当时我是整二师的政工处处长，吴部前锋部队是一六一旅（旅长杨××绰号叫杨瘸子）到达兖州附近，未及正式交锋就被解放军伏击打得七零八落，杨也被俘，战况处于被动，军心为之沮丧，"出师不利先伤将，内伤久存尽人知"。不几天，杨就被释放回来（据说是有条件的，后来才知道的）。

吴部原先驻守兖州，曾在该区域搞过惨绝人寰的"三光"政策（抢光、杀光、烧光），军纪荡然，军誉扫地，当地人民恨之入骨。十二军霍守义部继吴之后，接防兖州，这两支部队堪称难兄难弟，都是杂牌军，装备、补给、待遇远不如嫡系部队。举此皆知的蒋介石排除异己政策，这是内伤之因。吴霍两部先后在兖不得人心，上至古稀，下至稚子，无一不知"红脖子"和"十二拿"，这两个名称是代表吴、霍两部扰害老百姓的戳记。"红脖子"即吴部士兵脖子上系一红巾为标记的代号。"十二拿"是"霍部士兵见到老百姓东西，没有不拿"的代名词。

这次援兖部队到达兖州，老百姓闻听"红脖子"来了，没有不憎恨的。

四、整二师行动迟滞不前

正当吴部先头部队被解放军痛打之际，整二师在后边仍然迟滞不前，按旅次行军向前推进，由崮山出发行军四天才到达大汶口。我记得是这样安排的：头天宿营万德，第二天宿营粥店，第三天宿营胡家峪，第四天到达大汶口。

晏子风最讲虚荣，沽名钓誉、邀买人心是他习以为常的一贯做法。我是政工处处长，这些业务都要我去做，出发前布置，行军中的宣传，住宿时要"访贫问苦"。施小惠而博取颂誉，所有这些我在途中比较忙的。第一天宿营在万德附近一个小庄子里（村名忘了），晏和副师长唐孟鏊、参谋长田豫生住在一个老太婆的大院里，那天还有蒙蒙细雨，我住在隔壁一家，安排好本部工作之后，即到师部去开饭，等我到时，参谋处长何霹、军务处长程智信、副官处长何定国，还有二一一旅旅长马伯平（代字）在场。桌上摆了白兰地酒和四五样罐头，还有炒菜，开始吃的时候，师长眼光一闪，看到房东老太太在院子里忙着干活。师长就趁机倒了一杯酒，挟了两块凤尾鱼，送到老太太面前，表示敬意。这位老人年纪在60多岁，看到这样的场面，就手足无措，只好推让，同时也笑得合不拢嘴，只是一劲地推让。见此情景，我也顺水推舟，上去奉劝，这时只有我去，也才合适。这应该是我的职责，于是老人就接受了。晏经常告诉我，要去做的工作，而我没有及时去做，在吃饭时应该感到内疚。饭后，老太太问我，送酒菜的是个什么官？为了保密，只敷衍几句，这位老太太满口赞颂说，"国军"就是不一样啊！

就在当天晚上，师长非常高兴，戏瘾大发，叫副官把一个会拉胡琴的参谋找来，他提议在座吃饭的人，每人要唱一段京剧，他自己先唱《借东风》。

第二天在粥店宿营，情况变了。我刚到村上，见到师部一个参谋来迎着我，传达师长指示："这里是司令官（王耀武）家乡粥店，是王耀武亲信郑希冉的家所在地。"（郑当时是王耀武的粮食处处长）这是"皇亲国戚"，当然要注意的，要我传达给各部队政工人员，搞好军风纪，特别是借东西要还，走的时候一定要检查一下，搞好卫生，不能马虎。了解情况，及时做好处理。于是我就亲自检查一遍，交代有关人员。唯恐有误，早上起来部队出发后，我在后面挨门挨户去道谢辞行。

第三天宿营在满庄以东胡家峪，师部住在一个地主家，房子很阔，我住在一个凉台上。这晚很安静，早上起床后我和军务处处长程智信、辎重营营长郝锋在后面检查沿途政工人员宣传标语和军风纪情况，到10点多钟还没有吃饭。程智信提出，泰安的酸煎饼有名，就要到村子里找吃的。走到前面一个村庄，路旁有10来户人家，程即下马到老百姓家要煎饼吃。这家老百姓见到三个骑马的军官，就特别客气，热情招待，拿出一沓煎饼和两碟子酸菜摆上，程、郝二人吃得很香，我吃不上来，只喝了一碗水。吃完后他俩毫不客气就走，我说不留几个钱吗，他俩异口同声地说，打仗了还讲这些？走，走。我只好掏出百元钱（几毛钱）给那位老乡，他们怎么也不收，就算了。

五、大汶口退却

第四天由胡家峪出发。通过满庄时，村内家家户户门上插着青天白日满地红的国民党政府的国旗，表面看来是欢迎的意思。参谋长田豫生、副师长唐孟鏊和我研究，一致认为有问题，沿途行军三天，没有一处有这样的举动，满庄是为的什么？决定叫我派一个科员化装回去侦察一下，摸清情况。到了晚上我们到了大汶口镇上，这个科员回来了，说是满庄有共产党活动。没有来得及分析问题，我还未住下，通报来了，说济南吃紧，准备撤退。实际上吴化文部队吃了败仗，已撤退下来，整二师二一一旅先头部队只推进到吴村就停止了，一枪未放连夜撤退，师长已先走了，参谋长田豫生、副师长唐孟鏊、军务处处长程智信和我在一起，还未离开大汶口，这时前方部队已有退到大汶口，没停就走了。约在9点多钟参谋长带同师部各处开始撤退，留我和副师长在后面，由特务营留下一个连跟随我们。约在12点后，我们的部队到达南留，见到各直属部队停留在南留附近坡地里休息，这时参谋长率师部人员已走，留下一个参谋在这里传达通报，说，师长病了，改换担架先走了，要副师长和我在后面指挥退却事宜，要注意安全。

停了一会儿副师长和我说："那么我们走吧，后面就是'伯平'

部队（二一一旅），实际上师长改换担架，化装伤员，轻装简从，从小路早就跑啦。"我们对当前解放军情况毫无所知，只一个劲地向回跑，约在4点多钟，天已大亮，离满庄约有5里路，这时副师长煞有介事地说：赓扬（是我的字），我们通过这一段就安全了。接着叫跟随的连，派遣前卫和后卫，做好搜索和掩护准备，提高警觉，注意情况，快速前进。大约半小时多一点，我们通过了满庄才恢复正常（事后二一一旅遭到伏击），这才明白在通过满庄时，受到那种悬旗欢迎状态，完全是解放军设伏的信号。

六、二一一旅在满庄附近遭到解放军伏击

我们刚通过满庄，就见到吴部溃退下来的小部队，一个班一个排地距离拉得很长，由漫坡小道往泰安方向前进，共遇见四五次之多。副师长和我说："赓扬，我们改走小道抄过去吧。"正走之间，就听到后面有密集枪声，越响越密，有机枪、步枪、手榴弹猛烈的爆炸声。我们判断，在后面的部队定遭解放军伏击，但未料到只距这么一点时间，应是在满庄方向打起来了。由于情况不明，就加快前进，渐渐听不到枪声了。约在下午4时多，一天没吃饭，人困马乏，走到一个小庄子，不得不停下来，休息一下，弄点水喝，有干粮的吃点干粮。找老百姓买点煎饼，算是吃了饭，不敢多停继续走路。此时，我们好像草木皆兵，谁也不愿多停，能到泰安附近好像就放心了。在午后6时，我们到了大佛寺，离泰安大约有15里路，师部都在这里休

息，准备在此宿营，我们把后面被伏击的枪声说了之后，参谋长田豫生毫不犹豫地下命令立即出发，连夜往回跑。

副师长和我商量一下，要在途中大休息，反正过了泰安比较安全，同时还要我留下几个政工人员，做好收容工作，因为已到了自己防区，没有打仗就弄得如此零乱，也不好看。于是，我派了二科长刘越带一个科员和三个政工队员，负责收容掉队的散兵，组织归队，不准乱走。到了第二天上午10时，我们都回到崮山原驻地，后面人员也陆续来到，看到师部各处室和原来并无异样，仍然是一种升平景象，真耐人寻味。

七、收容与抚慰

回到崮山后，第二天下午师部召集全师将校会议（原来师部规定每周三次，周一是总理纪念，周三、周六是全师将校汇报会。参加人员是师部各处室负责人，直属部队营以上的主官，各旅团以上主官人员参加，主官因故不能出席，副手代之，有事在会上提出解决，如每月25日就发兵饷，过时不发就要受到斥责，这是晏在全军作风中突出的风格之一例）。

这次会议的主题，是二一一旅三团受到解放军伏击的汇报。经过是这样的：在当天上午10点钟左右，部队行军到满庄距村头二三百米地方，先头部队已经过去一个连，忽然从两侧高粱地里伏击的解放军机枪、步枪、手榴弹猛烈地扫射过来，在毫无准备的情况下，部队突然遭到袭击，只能就地卧倒还击，盲无目标地乱打；又因部队行军距离拉长，已经进入解放军的伏击内，四面着弹，密如雨点，无法展开，边打边走，紊乱不堪。各自抢占有利地形掩护，四处星散，伤亡很大，前后一个多小时就被击垮了。少数被俘，大部伤亡，一部溃散，到达原驻地只剩700余人，现在还有陆续归队的散兵，除冲出来的人员带出武器外，其他全部丢弃。会上所有人员听到这样简单的汇报后，都很沉痛。第三团团长也声泪俱下，再也说不出来了。停了一会儿，师长说：要接受这次教训，要振作精神，处理善后，大家都要接受这次教训呀！接着说："'灵魂'部队（指政工处代字）给你两项任务：一要马上在崮山南北两端，设置检查哨站，收容、接待掉队归来的兵员。二要组织人员慰问部队，需要经费，签呈上来我批，越快越好。"会后我召集各科室有关人员，研究了一个计划，由政工队派出四名男女队员，分为两组，两人一组去执行检查，接待任务。在南站设茶水站和登记簿，4小时一班轮替工作，在下班时需到处里汇报工作情况。师长又特别交代我，对吴化文部的散兵人员要妥善地接待和慰问，并要礼貌些，每天要汇报接待情况。

师长这样布置，目的有三点：其一，设在崮山两端交通大道上的检查站有声有色，过往行人有口皆传，不宣传而起到宣传的作用；其二，美其名曰设站收容，接待归来的兵员，有礼貌地登记，实质上是防止解放军混在溃散兵员中打进部队；其三，既表示对吴部好感，又表示对地方治安的维护，不使散兵游勇扰害百姓。此乃一举三得，果然博得村民、乡绅好评。同时我在晏示意下，以师的名义邀请附近乡绅耆宿做客，暗示他们联名在济南登报，颂扬整二师师长晏公爱民的德政。我把报纸送给晏过目，晏微笑点头，表示满意。

八、慰问与点验

政工工作以慰问形式，而得到具体情况，也就是知情对症去处理工作。师长暗示我，第三团是慰问对象，要深入地摸清它的底细。国民党军队里的习惯是，当主官遇到部队损失，是千载难逢的发财机会，人员马匹、薪饷被服、武器弹药等等，趁此机会，造报各种消耗、损失的册子，万年陈账也就一笔勾销。在汇报会上，第三团团长一把鼻涕一把泪水那样的表情，他的肚子里早有了安排。我们组织一个慰问组，到三团驻地去慰问。慰问组由参谋处长、军务处、军需处和政工处这四个处组成，参谋处是搞清损失情况，军务处是搞人事和补给计划安排的，军需处搞人员实际情况供给的标准，我是总揽其成。找有关人员谈话，新兵补额多少，归队人员的实况，等等，政治的、经济的情况都要摸。经过4个小时的走过场，名曰一个团，实有人数老弱在内，经点验的只630来人。这种情况也是师长所希望的。1个月的截留额其数可观，主要的武器报销就难估了。

经过慰问、点验，第三团的问题算是告一段落。在这次援兖未能奏效，部队士气受到打击，普遍存在低落情绪，问题十分严重。师长很重视，召开了全师犒军慰问大会，借此鼓劲打气。

师长鉴于全师处在发展和整理阶段，为了提高士气，统制部队，就得办训练班（这也是国民党军队里的惯性）。晏决定办一个政工人员训练班和军事人员训练班（政工人员是从连指导员起直至旅主任，军事人员经各部排、连长级调训，时间各为两周）。其课目还是老一套，精神讲话（都是首脑人物来讲）、国际形势（是我来讲），其他如典范令制式教练、野外演习、实弹射击等照一系列的陈规去做。办训练班的主要目的是建立上下关系，宣讲部队纪律等，这一套法宝也是国民党军事头头们统制下层的一种手段。一般来讲，这个班主任，当然以师长为主任，来受训的人员就是师长的学生，讲课的人员也是老师，这样一个精神枷锁在那时确能起到一些作用，它是一种"向心力"，借助这一套，通常比比皆是，特别在当时情况，处在那样的不稳局面下更得要借助于这一套。另外一点，从集训期间可以摸清受训人员的思想情况，能拉就拉，该注意的就要注意。如在这次训练班，讨论这样一个问题，要搞"细胞小组"，即在班内搞三人连坐，互相监视，以控制班排战斗力，并以单线联系。

训练班结业后我回到师部。这时师部已迁到飞机场北端堤口（原先是一个学校），师直属部队分布在匡山、崔庙、大小芦庄一带。就在这天中午，我到晏处汇报了一些想法也谈了些家常，晏很高兴大声说："你来得正好，给你一个理想任务，你来的时候就有志愿搞点部队，现在机会来了，明天先把'先驱'接过来（先驱是别动大队代字），你去整顿，尽你关系去扩充，能搞多少就搞多少，给个总队名义。'先驱'是你的基本部队，他们能战斗的，正合你意，你看怎么样？这该如愿了吧！"晏早已了解我还有一部分力量，就是交警总队的部分骨干，还有一些垮下来的士兵，都是山东人，愿留山东家乡，推我出来当头，想搞一个番号。早在保干班我就和晏说过，时机未熟，所以搁置下来，现在整二师兵源不足，补充不易，我又有这种关系存在，是一箭双雕的人情，既对我提拔，又为部队充实力量，因此才有前面那些说法。同时，还有参谋长田豫生一再给我说好话，终于搞成部队了。不到一个星期，由各地集合来附者六七百人，还有驻济后方医院一部分伤愈人员，大多是前交警部队的老人，忙了一阵子，编了两个番号，一个"飞腾"部队，一个"风云"部队，连同"先驱"，这个架子已经支起来了，分驻在大鲁庄、小鲁庄、大卫庄、小卫庄、东沙王庄、西沙王庄（我本部即驻西沙）。接着我在大鲁庄开了一个建军大会，晏和南京派来的特派员均亲自参加，并给予讲话打气。经过整理之后，这支部队不久就开始使用，先后在济阳、鹊山、齐河一带和十九旅赵尧部配合，修建工事，担当外围警戒使用。后来在济南战役中，确实起到不小的作用。

（1980年5月20日）

保安第三旅的覆灭

葛　鳌

　　邹县城位于津浦铁路中段，是兖州的外围据点。1948年年初，该县城驻有蒋军保安第三旅1个旅的兵力，共有3个步兵团及旅部直属部队。所控制的地区是邹、滕两县。其主要任务是所谓保护铁路运输线，并经常出动团以上兵力进攻鲁南解放区。国民党军风纪很坏，所到之处，实行烧杀抢掠，给人民群众带来沉重灾难。

一、保安第三旅的组成与任务

　　保安第三旅听命于两个司令指挥，即兖州第十绥靖区司令李玉堂及第二绥靖区司令王耀武。旅的人事饷项均由王耀武控制。因此，旅的行动、指挥及调动要听从两个司令的命令。该旅有两个团，是由山东游击部队改编的（八团和十七团），另一个团（二团）是由李玉堂新成立的，归保安第三旅建制。全旅均系日式武器装备，旅的官兵来源大部分是山东人。除旅部和3个步兵团外，尚有邹、滕两县的地方武装5个大队及微山湖两个湖区大队，在反人民战争时期是非常反动顽固的。我兼任的邹县城防司令，是由李玉堂委派的，因此，为了巩固这个旅长和司令的地位，在反人民战争中绝对忠实于两个司令。

1948年5月，我接任旅长后，对旅的部署进行了调整，旅部及两个团驻邹县城内，十七团驻邹、滕两县之间的两下店火车站，主要任务是保护铁路线及桥梁，防止解放军"破坏"交通线。

二、战前的准备与破坏行动

1948年6月上旬，我命令驻在城内外的部队，加强邹县城防，将城内外的工事构筑四道防线，以防解放军攻城。除两个团的官兵施工外，又向邹县附近农村征派农民2000多名，加修外壕，并限一星期完成，所需材料均向邹县农村摊派，还派官兵1000多名，到农村采伐大量木材（大部分是枣木和柏木），计砍伐了2000多株。这次在邹县修筑防御工事，所需的人力、物力，都是由该县农民负担的，对人民的残害可想而知。

我到邹县接防后，用各种残酷手段，清查城内外户口，1948年6月3日早晨5时，出动军警一千多人，分成数十小组，在县城内外特别警戒，实行宵禁，清查户口时，遇有来历不明者，即行逮捕。有次竟逮捕了100多人，后经邹县政府、警察局详查，只有住城内的青年夫妇二人"来历不明"，似与解放区有来往，来邹县有"刺探军情"之嫌。我即命邹县县长对之严刑拷打，他们才被迫承认是来探听情况的，后被杀害在邹县城外，并将房东胡万兴押进监牢。其他所捕居民一百多人均具铺保后才予以释放。

1948年6月4日在邹县城防司令部，召集邹、滕两县县长、区长及旅部团长以上军政人员开会，准备于6月15日前，在邹、滕两县解放区，将成熟的小麦和一切杂粮抢尽，意图是解放军来到时，没粮食吃，更不好在这些地区活动。限令各县区长回去后，在两天内组成抢粮队，要求各县出动农民5000名，分别组成大队、中队，每中队100人，每大队500人，各县长为抢粮总队长，区长为大队长，乡长为中队长，保长为分队长，各队队员自备抢粮工具，要求每人至少抢200斤，各县反动武装部队归旅部指挥，分三路抢粮，准备在6月12日出动。6月15日停止，把粮食抢到各县集中后，由本旅及邹、滕两县军政机关分别使用，但这抢粮计划未及实行。李玉堂已事先指示，6月5日前后，解放军将到达邹、滕两地区，使这一计划未得实现。

三、保安第三旅的覆灭

1948年6月5日，人民解放军南下津浦线，首先解放了泰安城，即消灭了该地驻军国民党军一个师；尔后继续南下，又解放了大汶口，歼灭保安第一旅两个步兵团。随之人民解放军新八纵队到达邹县城近郊，将邹、滕两县的铁路线切断，在这样的紧急情况下，我才命令十七团由两下店车站调回邹县集中，妄图巩固邹县防务。6月6日，即派出两个团的兵力，向邹县城郊外出击，同时兖州李玉堂又从十二军调来一个步兵团，附一炮兵营协助，对邹县城郊东北高地的人民解放军进犯，战斗达4小时之久。人民解放军增援一个纵队的兵力及一个重炮团，以猛烈的炮火向我旅反击，在这种情况下，我即将旅的两个团调进城内，十二军的步兵团及炮营也返回了兖州。我回到邹县城内后，依靠防御工事，仓皇被动地进行防守。

我旅部队集中城内后，粮食奇缺。因我旅在济南所领的粮食，解放军南下时，交通线被切断，所以大部未能运来。现邹县城即将被解放军包围，没有粮食是个严重问题。当时我想出一个绝招，即召开旅、团长以上的军官会议，我说："邹县城快被包围了，部队没有粮食就无法作战了！"我问大家有无办法，当时他们建议：只有将城内外居民的粮食抢光，才能暂时应付部队的急需。这时我决心抢粮，挨家挨户搜索，共抢来粮食约5万斤。居民粮食被抢，人人叫苦连天。那天晚10时我接到李玉堂电令，要我从我旅抽调两团兵力增防兖州，并命我旅第二团、邹县3个县大队，由我指挥守备邹县城，李限我旅两步兵团马上行动，去兖州增防。这天午夜，我命参谋长率领两团兵力去兖州城，而这时只有两团兵力困守邹县了。6月8日晨5时，邹县城郊附近人民解放军，新八纵队和十三纵队及一个重炮团，逐渐缩小包围圈，将邹县城包围起来，并以猛烈炮火攻击县城。这时我指挥部队，依靠城防工事坚守，已形成坐以待毙的局面，也只好拖一天算一天。城防副司令是由邹县县长兼任的。他向我建议，现监狱里关押82个"犯人"，其中有进步人士、民兵、干部，问我如何处理？我当时答复："随你怎样处理都行。"邹县县长即用残暴手段杀害了他们，又将其尸首推入北门一枯井中。

6月14日那天，解放军以猛烈的炮火攻城，我旅伤亡很重（伤亡有800多人），第二团团长俞延龄亦负重伤。弹药所存无几，当时我考虑战斗如继续下去，定无法支持。我便电话报告王耀武和李玉堂两司令，请他们想办法援救我部突围，答复已向徐州总部请示，可能派空军来掩护你们，并指示我整理部队准备突围。6月14日晚6时，我与副司令讨论突围计划，并决定向济宁方向逃跑。那时我派了数百人，在邹县城内挖了3条地道，等空军飞来掩护时好突围出城。15日8时，解放军以炮火猛攻西门，西门城防工事即被炮火摧毁，并突进解放军两个排的兵力。这时我集中旅部3个步兵连向解放军反扑，我恢复阵地后，解放军攻城更加猛烈，我部勉强支持到15日午后3时，解放军又突进一个营的兵力，在城里困守的我部，伤亡很重，完全丧失了战斗力，已到了兵败如山倒的地步。在这种情况下，我即命令所部向解放军缴械投诚。邹县遂被解放，我也被活捉。解放军将我押解到司令部，当时他们正把被俘人员向一处集中，邹县城上空出现了国民党数架飞机，企图掩护我部突围，还向解放军投下一批炸弹，炸伤群众数十人，炸毁民房10多间，这又给邹县人民带来了重大损失。

邹县城于1948年6月15日下午4时全部解放，我所率领的邹县保安第三旅被彻底歼灭。

（1962年12月30日）

（兖州县政协文史委员会供稿，此材料已作删修）

当时关于兖州战役的新闻报道

战略要地——兖州

（华东前线14日电）前线记者报道：津浦中段为我攻克之蒋军强大战略要地兖州（即滋阳）城，是解放军在津浦前线发动夏季攻势以来所收复之第十个城市（前九个为章丘、肥城、泰安、新泰、泗水、宁阳、曲阜、邹县、滕县）。至此，津浦中段沿线城市，除北端济南与南端之徐州外，已全部归入人民之手。兖州之解放对今后山东战局有极大的意义。该城位于济南与徐州之间的中心，是津浦铁路、兖（州）济（宁）铁路（已废）及滋（阳）临（沂）公路的交叉点，东倚大鲁南山区，西连冀鲁豫平原，自古为兵家必争之地。商业繁荣，周围土地肥沃，为山东著名产麦区。城内人口据1945年统计为39000余人。日寇投降后，蒋军即勾结汉奸，窜据该地，成为蒋军进犯山东解放区的跳板。解放军在山东战场转入进攻以后，该地即成了蒋军据守津浦线的战略中心之一，北与济南、南与徐州相呼应，其第十绥靖区司令部即驻于此。此次我军首次攻克兖州，为山东战场又一伟大胜利，这标志着解放全山东的时候已经不远了。

（原载于1948年7月17日《大众日报》）

蒋军整十二师简介

整十二师即原十二军，军长为霍守义。为目前蒋军中一支唯一尚较保有东北军体系的部队，霍守义即赖此起家。该师原为东北军五十七军缪澂流部。1945年日寇投降后，蒋介石积极部署发动内战。9月间，该军和骑二军（亦系东北军）由李延年督率侵入山东解放区，一路烧杀抢掠，窜入济南。1947年秋，该军整编师旅制，辖一一一旅、一一二旅六个团，以后又成立一个独立旅（该旅由胶济、津浦沿线之顽伪军拼凑而成），故整十二师实际上只有三个旅。去年8月，当我军因战局需要自胶济线暂时转移时，该师曾进犯小青河沿岸，抓丁抢粮，奸淫烧杀，欠下渤海三分区人民一笔血债。1947年冬，霍守义升任整十二军军长，名义上辖整十二师和整七十三师。1948年2月，霍率军部及整十二师开进津浦线兖（州）曲（阜）济（宁）泗（水）新（泰）地区驻防，归蒋军第十绥靖区司令李玉堂指挥。我军夏季攻势开始，先后收复新泰、泗水、肥城、曲阜、宁阳、邹县、滕县等城。曲阜之战歼该师独立旅一个团（九团），一一一旅三三二团一个营。余敌畏惧被歼，纷纷逃窜至兖州。此次解放兖城，乃全歼守敌。……蒋军整十二师终遭覆灭命运。

（原载于1948年7月19日《渤海日报》）

看我军炮兵的威力

（华东前线电）兖州战役被解放之蒋军整十二军少将附员孙焕彩（前整十二师一一一旅旅长）及所属三三一团上校团长林学骞，对解放军此次攻克兖州城之炮击神威，深表钦佩，并承认自己当时指挥上之惊慌失措。三三一团团长林学骞说："西门城墙原较坚厚，只因贵军（指解放军）炮击成功，射艺高超，使我步兵（指蒋军）于不足二小时内，完全失去战斗力，混乱溃退。原先我计划在西门防守的一个营，以三分之二兵力在掩蔽部内待机反击，以少数部队堵住贵军爬城，结果根本不行。贵军炮火由西门一直打到新东门，由于炮弹命中准确，把我们指挥所几乎完全摧垮。城墙上下，弹烟又如云雾，我亲眼看见我的步兵火力莫说发挥，连原来挖的掩蔽部也都成了弟兄们的葬身之地，这在我20余年的戎马生涯中从未经历的。后来我又硬着头皮到城墙旁去组织反击兵力，正在这时，贵军的部队已进了西门，并且听到一个连长在吹哨子集合部队，要向东来了，这真是出乎我们的意料之外的，我看看手下的兵也剩得不多了，根本莫想组织反击，就只好顺着隧道向东退到旅部。可是要命，旅部的人叫炮弹打得都不知藏到哪里去了。"孙焕彩说:"西门外打来的炮,十之八九都命中在我旅部指挥所,所有的电话都被打得不通了。我仔细判断在城墙上爆炸的炮弹声,既不像山炮弹,又不像炸药声。我们自以为能挡一挡的,结果西城墙竟也被你们(指解放军)给轰开了数个大缺口,这实在有点出乎意料。"

(华东前线电)兖州战役被解放之蒋军十二军军部中校参谋洪维重,承认我军战术指挥英明与炮兵之射击准确。他说:"贵军(解放军)炮兵射击技术很好,首先就把我们的'眼睛'——兖州城内兴隆塔上的观察所打中4炮。晚上9点钟,贵军就攻入城内。"接着他谈起该军溃退时的狼狈情形:"20余天的守备,士兵已非常疲惫了,贵军炮火又太厉害,我们先后作战的机动力量均遭到严重杀伤和被俘,加之在夜里,部队一垮下来就非常紊乱。天明以后,城内贵军步步向军部(十二军)进逼,'金团'只剩了三四十人,我们完全失去了抵御的能力。13日下午3点钟,李司令官(指李玉堂)早就溜到了东关车站,霍军长也慌忙而逃。我们参谋处看到军长一走,皆不约而同地逃跑了。新东门人群蜂拥,踩死的有好几十人。出了城门,再折向南边铁路大桥时,贵军早就移抄在前面,军长被俘了,我们的残部在泗河附近也被解决了。""贵军总攻后,迅速入城,迅速发展,以致我们大部是在城内被解决的,侥幸突围出来的也逃不过泗河的两岸。"

(原载于1948年8月14日《大众日报》)

炮击兴隆塔

周振文　丛肇杰　王光　孙志方

兖州城东北角有个高十七八丈的兴隆塔，这是兖州守敌的一个制高点。在塔顶上能展望30余里，因此有"兖州眼睛"之称。敌人的炮兵指挥所与观察所，都设在此塔上。

7月12日总攻击前，此高塔即已成为我预定各炮的射击目标。某炮三连观测组的同志们架好了测远机，定了方向盘，反复地测量、计算了四次，把测量的结果写下来交给炮手。各炮手镇静地等待着轰击命令。

射击开始。三连之某炮进行×××米达的远距离射击，第一炮命中了，兴隆塔上冒出一阵白烟，紧接着又一炮打中在塔上，火光冲天。当时，该连在电话中受到某部司令部的表扬。某炮六连三排副亲自修正了方位后，炮弹即命中了宝塔的中段，冒起了一股黑烟，炮手们高兴地喊着："再打！……"于是又接连四发，宝塔的坚厚砖壁被打了个对穿。某炮三连第三炮手打中了塔顶，接着打了八发炮弹，将塔上的走台炸坍了。

以后据俘虏中之整十二师独立旅八团二营四连上士班长刘兆麟说："你们的重炮第一发炸在塔根上，第二发正打中塔的上顶，一连三发都打中了，塔上打了个大窟窿，观察员们（指蒋军）都坐着炮弹走了（被炮弹打飞了的意思）。"事后我们登上兴隆塔观察，塔里尚遗留有蒋军官兵穿的制服和衬衫，在塔的附近敌人抛下了两门九五野炮。

（原载于1948年8月12日《大众日报》）

保一团跺脚哭叫

泰安天保区还乡团，最近编为保一团。这次我军围攻兖州，十二军迫他们死守城关，除团长一人在城里外，其余都不得进城，谁要是靠近城墙就开枪射击。故保一团处在前后夹击的险境。

该团逃风甚炽，当官的也不加制止（多半是不敢制止）。逃跑的大多系被逼或被骗当还乡团的。有一个叫吴耐久的，他哥哥去叫他趁早逃跑，当时被班长知道了，班长说："你走你的，你如果约别人走，就连你也不给走！"当兖州城关老百姓向外转移时，保一团的士兵就趁乱三三两两跟着逃亡，直到团副发觉，派上岗哨才减少一些。该团官兵无斗志，垂头丧气，一闻我军打枪就跺脚哭叫。新任的团副据说原系泰安天保区区长，听到我军打炮，吓得躲到枯井里，一个整夜不敢出来。

真相个理

当我军围困兖州时，伪属们纷纷通过我军阵地，向敌方索夫叫子。保一团的家属对他的亲人说："跑出去没关系，穿军装的也没关系，便衣的更好！"有一个叫王秉仁的在众人面前对儿子说："俺到曲阜、泗水翻了好几天死尸没有翻到你，你娘急得五六天未吃饭，你如不走，她就急死了。"众人问："听说曲阜俘虏去的还乡团被活埋了一些，又枪毙了一些？"王答："哪有这事，俘虏的都放回去了，连伤的也给治好了！"当晚即有七八十人往外跑了出来。

（原载于1948年7月19日《华东前线》第10期）

这仗怎么能打?

朱 澄

"兖州战事一起，我唯一的念头是等待被俘。我老早把小包袱打好，所以后来一样东西也没丢。"前蒋军整十二军一一二旅少将副旅长王肇治向记者说："我早就明白，兵额不足，士气不旺，军队拖着1000多眷属，还得愁弹药、给养，打什么仗？""我写过条子问霍守义：'你可知道一个排有多少战斗兵？'——顶多19个；还问他'到底打算守几天？'李玉堂硬说'行，沉住气！'，他口口声声'守点待援'，等不到援军就'死守'，可是最先逃走的也是他。""他这个绥区司令官只晓得看看工事，满以为吴化文能保住兖州，现在工事加强了，且有空军援助，决不会有失。他不知道解放军的炮火今非昔比，兖州一定无法守住。"

当问起待援的情形时，他直截了当地讲："国民党在华北、华东还剩多少部队大家有数，还能有多大希望？"

他讽刺蒋军"徐州剿总"总司令刘峙说："7月9日那天，他飞到兖州上空，还投了传单。传单说豫东已获'空前胜利'，援兖的部署已构成，叫我们继续坚持。这是给谁看的？当然不是给李玉堂、霍守义看的，他们与徐州电台联络很密切。将士们不敢相信——被围后盼了那么些天还不见来，况且别处的例子屡次证明援军总是难到的。王耀武在潍县被解放前也飞去打过气，这像是'大爷玩票'，拿人家开玩笑。"

谈到蒋中央社所吹嘘的"津浦中段南进兵团"时，他说："说到派兵出援，王耀武是碰到五个八路就叫'啊唷唷！来了一千！'的家伙（邱清泉、黄伯韬也是一样）。他哪里会傻到让老巢不保，出来救别人？何况十二军是杂牌。吴化文部一天走七八里地，还不是迫不得已地敷衍敷衍上面！可是，敷衍也叫他丢掉了一个多旅。"

（原载于1948年8月17日《大众日报》）

蒋军传令兵王殿元

陈介清

1948年7月4日晚，当攻击兖州外围据点豆腐店的解放军战士们突进了围子时，守敌整十二师独立旅第八团九连连部传令兵王殿元，奉了连长的命令从地堡洞里爬了出来，向着解放军战士高喊："同志们！别打了，我们交枪啦！"喊完话，就把手里拿着的一支捷克式步枪递了过来，然后又进去把连长和其他人叫出来。就这样，王殿元和其他放下武器的蒋军官兵一同来到解放军后方招待所。

王殿元是山西人，今年已经45岁，他在蒋军中当了29年的兵。兖州战斗结束后，他向解放军同志说："你们进城时我也去，我知道仓库，我认得军官。"

14日他跟着解放军的同志们一同进城去。一走到车站，他就把仓库所在地指给解放军战士们，并且带着大家进去，在里面他不停地指点着说："这房子里是子弹，这房子里是被服……"到了城里，他带着同志们跑到豆腐店解放过来的连长康福宝的家里，一进院就大声地嚷着："康太太，我给你带了信回来了，连长就在城外，解放军待他很好。"邻居告诉他，康太太已经跑出城去了。王殿元连连跺着脚说："她难道不知道解放军的宽大政策吗？"他又告诉邻居说："康太太回来后，叫她别乱跑，只要守在家里，就没有事。"

从康连长家出来，他又领着大家去检查了好几个蒋军的仓库后才出城来。

在归途上，一个同志问他："老王，你打算怎么办？是回家呢，还是在这里干？"他直率地回答："我还想在解放军里立功咧！"

（原载1948年8月14日《大众日报》）

驻兖蒋军污辱教门　我解放军纪律严明

（华东前线20日电）前线记者于兖州解放后，走访该城天主教总教堂。该堂盛神会修女院德籍院长翁德朗女士引记者参观他们的一个饭厅，在那里摆着一枚未爆炸的炸弹。他们说：这是在13日下午，美造蒋机向该教堂所投的许多炸弹中的一个。此弹击穿了三层楼房，落在饭厅的一张钢丝床上，又滚到地上，幸而没有爆炸，当时他们都在这炸弹的附近。正谈到这里，忽然传来蒋机盘旋的声音，翁院长和一群修女急忙离开了饭厅。翁院长指着一个修女对记者说："她听到飞机的声音，吓得要哭，我们有三四个修女都已吓坏了神经。"

记者在与该教堂安多医院之德籍英伯兰院长（女）、中国籍徐西满大夫谈话时，他们对蒋军飞机乱施轰炸极表愤慨。徐大夫说："国民党拿了中国人民的钱，去买美国的武器，打死的是些什么人呢？"英院长在一旁接上说："老百姓！"徐大夫干脆地回答自己说："中国人！"他又指着窗外一个弹痕累累的屋顶说："昨天上午9时，飞机来扫射，我们礼拜堂的屋顶上有一个明显的十字架，在飞机上是可以看得清清楚楚的，但是他们还是扔炸弹！"

该教堂总院德籍院长庄立格说："解放军攻进城，到了天主教堂对我们很客气。我带着他们到各院察看时，他们什么东西都没有动。检查李玉堂（按：蒋军第十绥靖区司令官李玉堂，战前曾抢占该院主教楼为其住房）的东西时，对李与我们教堂的东西分得很清楚。"管礼拜堂的李明汉说："国民党军队在这里，将教堂能拆下来的门和木头都扛去做了工事。"徐西满大夫在兖州战役中第一次见到解放军，极为兴奋，他说："解放军攻进城以前，国民党的泗水县大队长要占据我们的安多医院，他们进来时毫无目标地先在院内投了两颗手榴弹。后经我们力争，他们仍强硬地占了两边的病房，临逃跑时又抢走了病房里的东西，将棉被里的棉花倒掉，拿走了被子。不久，解放军一位戴连长进来了，我将教会医院的情形告诉了他，他和蔼地说：既然这里边没有敌人，我立即通知我的部队不再进来，你们不要惊慌。"另一位名叫蔡伯彦的神父，也气愤地说起了李玉堂在战前霸占主教楼的事，他说："李玉堂带着他的侍从与一群卫士，硬要住进主教楼，还有十几个妇女，天天吃喝赌钱，污辱了教堂。大门口放了两个岗，里面又有两个岗，不但教堂里的人行动自由受到限制，教民进堂做礼拜也受阻难。为了这件事，我们和李玉堂的卫兵曾冲突了三次，其中一次我们有五个神父被他们打伤。"稍停，他又接着说，"战争中李玉堂又把我们从地下室赶出来，让他们躲进去。"工役刘素忠也争着诉说："7月9日夜11时，十二军把工役刘炳山及魏修士捉去，至今不知死活。"

蔡伯彦神父又告诉记者，他早就晓得解放军宗教自由的政策，他说："1945年12月13日，你们打开滕县的时候，国民党军队在溃退中烧毁了教堂的房子。以后我们在滕县住了一年零三个月，八路军送我们粮食吃，时常帮助我们。"他又找出还在1935年1月（中华民国）解放军鲁南军区司令部四科给他的一封信给记者看，信上注明给他20斤木炭。

该教堂有个60多岁的苗老神父，从来没有见过解放军。当解放军最初进入天主教堂搜索残敌时，他还问旁边的一个神父："八路军进来了没有？"当告诉他，在他面前的就是解放军时，他又说："这样和气的是八路军吗？"有个受伤的老百姓曾求医于安多医院吴院长，当时恰巧没有包扎的东西。一位解放军看到了，马上拿出了自己的急救包。对这样的事情，该教堂的人员都曾以感动的口吻告诉记者。

按：兖州系一教区，统辖兖州、曲阜、泗水、邹县、滕县、济宁、嘉祥、金乡、鱼台、汶上、峄县等十几个县。总教堂下设有盛神会、盛家会、修道院、安多医院等，附办有育德小学、印刷所、婴儿院等。

（原载于1948年7月24日《大众日报》，题目略有改动）

第十绥靖区及守城概况

曹承彬　汤位东　王　然

兖州战役经过概况

1948年，兖州是国民党军的一个重点防守地区。因其地处津浦铁路中段，扼徐（州）济（南）咽喉，国民党军把它看成是当时的战略要地，并设置第十绥靖区司令部及绥靖区地方行政长官公署于兖州，以图统一指挥和控制所辖区内的军事政治。

第十绥区司令部是由整二十四军军部（又称徐兖绥靖司令部）扩编的，该军军长李玉堂为绥靖区司令，肖圭田为参谋长，陈家垢为副参谋长，下辖八个处。李玉堂兼第十绥区地方行政长官，该长官公署内设有秘书长一人和两个处。

当时山东潍县和周村相继解放，战略要点只剩下兖州和济南，并又盛传解放军要攻打兖州。李玉堂对这种情势，日夜忧惧不安，于是在兖州积极备战，挖掘战壕，修筑城防工事，企图以此抵抗解放军的进攻。从1948年3月开始扩建的东关城垛高达数丈，所需建筑材料大红石头，都是从泰安运去的，每次运大石头、石灰、木料等的车子达近百辆。在沿西关城边一带强迫民夫挖战壕，壕的宽深均在四公尺左右，并引水灌壕，企图阻止解放军越壕登城。所有修建城防工事的民夫，除在兖州就地征集外，李玉堂还手令附近各县政府强征，人数少者千余人，多者三千人，并自带粮食、工具应征，人民怨声载道。当时有两个民夫因病老不胜劳役，被鞭挞懊恼而死。在修东关城防工事时，李玉堂曾乘吉普车去看工事，在工地横冲直撞，汽车轧死一个民夫，李玉堂反而怒骂："他该死，如果是个活人，不会被轧着的。"

兖州虽是当时国民党军重点防御的战略要地，但十绥靖区司令部本身，并无战斗部队，只有几个直属部队，如特务营、通讯连、输送队等。遇战事发生由国防部及徐州剿总临时指拨几个军、师受其指挥（绥靖区属地方性编制，无固定部队）。兖州战役前，拨归其指挥的是整十二军，该军军长霍守义，副军长熊仁荣，参谋长王树军，下辖3个旅，旅长于一凡、孙焕彩等（另一个忘记姓名）。1948年初，该军军部驻曲阜，一旅驻泗水，一旅驻新泰，一团驻滕县。5月底解放军在鲁南进军胜利，泗水解放。整十二军移驻兖州，奉命担任兖州城防，李玉堂给予霍守义军事指挥权，所有兖州城内外军队，归其统一指挥调用。霍部除3个旅外，还有直属团队，以一旅驻济宁，以另外两个旅分驻兖州城内外，旅的番号与部署情况不了解。

5月底解放军在兖州外围形成包围态势，6月初进逼兖州城。当时十二军的部队在城东关外附近地区，并凭借泗河与解放军隔岸对峙达一月之久，大小战斗一二十次，伤亡情况不详。

当时围攻兖州的解放军，闻有4个纵队，据绥区参谋处的人说，其中有七、九两个纵队。绥区及整十二军指挥人员和一般官兵，听到有七、九两纵队来攻城，都心惊胆战，非常害怕，并说："他们不会空手回去的，他们是攻一城取一城，攻一地得一地。"约在7月初，解放军越过泗河直趋兖州城郊，情势紧急。7月11日至13日，战斗最激烈，那几天兖州城内，有时落下未炸的炮弹，并不断有飞弹掠空而过，双方枪炮声不断，蒋军的轰炸机不时向城外解放军扫射和投弹轰炸。这时兖州城外十二军的部队都败退至城内，约三分之二的兵力在城墙上凭借已做好的工事顽抗。当时城内的兵力，整十二军两个旅及军直属部队共约7个团，一万四五千人（在济宁的一旅除外），绥区李玉堂新拼凑的一个保安纵队两个团及直属部队约5000人，总共20000多人，以三分之二的兵力应战，三分之一的兵力为总预备队。

战事到最后阶段，人心动摇，士气沮丧，认为已朝不保夕了。人与人碰面时都垂头丧气地说："援军为何不到，我们快要被八路军活捉去了。"在这种情势下，李玉堂及其帮凶还千方百计地妄想挽救兖州局势，以十万火急电报，不断电请"中央"来援。

当时济南整八十四师吴化文部于7月11日已到达大汶口，蒋介石空投命令要吴化文师钻隙南下，增援兖州，否则兖州有失唯该师长是问。但吴部到达大汶口后，即被解放军截击，并消灭了吴师的一个旅，迫使吴化文不能南援，同时徐州方面的黄伯韬兵团，驰抵滕县，因豫东告急，又转向豫东，原驻滕县的余兆龙师奉命派了一个团北上援兖，在途中界河被阻，仍折回滕县。

7月13日上午，兖州城外的解放军大部冲入城内，此时除东关一带外，其余多为解放军占领。至午刻李玉堂看到解放军快要逼近司令部所在地，认为大势已去，惊惶万分，急电霍守义说："我马上到你那里（十二军指挥所）去。"并命令绥靖区司令部人员，都出城到东关车站集中待命，于是人山人海，争先出城，东关拥挤不通，人马践踏，哭闹不绝，有一部分老百姓害怕被飞机打伤，也跟着挤出城外。

绥区人员集中车站约一小时之久，对方的枪、炮弹已不断打到车站，此时人们便由车站向泗河方向乱跑，李玉堂、霍守义及守城部队均纷纷弃城向泗河方向逃奔。霍守义及其高级官员在由东关逃出不远的地方即被俘。一部分在城内未及逃出的也均被俘。至此，十二军除驻济宁的于一凡旅外，全部被歼。绥靖区参谋长肖圭田等高级人员多数化装逃走，被俘的处长只有二三人。李玉堂由城内逃出越泗河至微山湖后，即化装成老百姓坐渔船到临城，后又乘火车逃往徐州。至此，兖州战役结束。

维护反动统治的政治经济措施

1. 1948年7月，兖州被围时，李玉堂曾指令绥区参谋、政工两处组织督战队，以振士气。该队队长、副队长由绥区监察官（姓名忘）和政工处科长李丙焘分别担任，下辖两个督战分队，其分队长和队员由参、政两处派员组成，并各配一个排的兵力，对当时守城部队官兵，负有监督查访检举之责，如有作战不力之官兵，则随时呈报李玉堂处理，并明察暗访，日夜巡逻，特别注意防止解放军的"兵运"。自督战队组成以后，因它严格执行任务，延长了解放兖州的时间。

2. 自7月10日以后，绥区政工处曾指导驻兖州之"人民服务第七分队"，监视兖州中学和师范两校师生的一切活动，限制他们和外面来往通信，防止他们有"越轨"行动，特别注意考察其思想状况，企图阻止青年学生倾向革命。

3. 在围攻紧急时，绥区政工处曾指示整十二军政工处组织"前线喊话队"，妄图动摇围攻兖州的革命战士。绥区政工处还指派其直属营连政工人员分赴城区各保坐镇监视，以防"意外"。

4. 1948年6月，绥区政工处在兖州组织了一个"宣传委员会"，其委员由绥区政工处、整十二军政工处、兖州党政团三方面的负责人担任，绥区政工处处长曹承彬为主任委员，下设4个宣传分队，分别担任对人民作欺骗宣传，如写捷报、战讯、壁报及口头宣传等。组织这一宣传机构的目的，在于夸大守城部队战果，捏造解放军的伤亡数字，并不时在战讯上造谣说"中央增援大军已到来，解放军不日退走"，以这些伪宣传去欺骗和稳定当时兖州城内的军心民心。

5. 绥区政工处在兖州组织了一个"党政军民联席会报"，联席会报主席为李玉堂，秘书长是绥区政工处处长曹承彬兼任。参加会报的人员为兖州党、政、军、教、民等机关团体负责人。会址在绥区政工处，每周照例举行会报一次，如组训民众、检查户口，军民合作宣传和军民间纠纷等都得提请会报讨论决议，并利用会报来处置革命人士，对被捕的地下工作人员，则呈请会报主席批准处理。会报的主要任务是动员和加强党政军民的反人民联合力量，使之一元化，在李玉堂的控制之下，以抵抗人民解放军的进攻。1948年4月，绥区政工处曾主持兖州全城户口检查，参加检查的有绥区司令部各处及特务营和地方党政机关等，当时查出20余人，李玉堂交政工处查询以后，内有4人系地下工作人员，4月下旬联席会报时，由政工处签呈李玉堂批准枪决，这是联席会报杀害革命人员的罪行之一。

6. 兖州军民合作站，加深了兖州人民的沉重负担。绥区及其所属各部需用之床铺桌凳等都由合作站供应，尤其是部队所需的燃料、马料，均由合作站供给。这些供给品的代价，常是低于市价十倍的"官价"，甚至一文不给。由于这些赔本物品都出自兖州人民身上，兖州（原滋阳）县政府便加重对人民的派捐、派款。绥区司令部及政工处经常派员驻站督办对部队的供应事宜。

7. 绥区政工处规定兖州邮政局、电报局，每日指派人员按时进行检查来往邮电及书报等，尤其对进步的刊物，查出即予扣留。计先后查出以及由各部送交的进步书刊有10余种，均呈送南京国防部政工局。

8. 绥区政工处在兖州时，曾派该处科长李仲调协助兖州（原滋阳）县政府对一般民众进行"感训"。感训的对象，由地方提名，认为容易接受进步思想及有进步倾向的青壮年，均得提名受训。先后办过两期，由县政府主办，每期100人，受训两周期满仍回家。

9. 1948年春，李玉堂指挥的二十、七十二、八十四等师在反人民战斗中俘虏的人民战士，及被释回的归俘，先后由各师送到绥区司令部受训的约200人。受训课目，主要是"精神讲话"和"个别谈话"，以考察其言语、思想、行动，并派政工处科长李丙焘负责主持训练事宜，其主要目的在于使受训人员通过受训，能为其反动统治效忠。被俘的人民战士及归俘人员受训后，均送往"徐州剿总"安置。

兖州国民党守军医务救护情况

张存信　口述　张援朝　整理

　　1948年夏，人民解放军山东兵团集中优势兵力，以摧枯拉朽之势，向津浦线中段发起攻击。在短短20多天的战斗中，攻曲阜、克邹县、占宁阳，相继收复8座县城，控制了兖州南北150余公里的交通线。在人民解放军的四面合围下，兖州成了一座孤城。

　　面对人民解放军的重重包围，国民党军广大中下层军官及士兵人心动摇、士气低落，悲观厌战情绪与日俱增，而国民党第十绥靖区司令官李玉堂、整编十二军军长霍守义等一些上层军官，却错误地估计了形势。他们自恃兖州城防工事坚固、粮弹充足、防备森严、易守难攻，一方面命令所部加固工事，调整兵力部署；另一方面加紧采取一些维护统治的政治、经济措施，以稳定军心，固守待援。

当时我任整编十二军———旅军医处上尉司药，军医处处长是王芳甫中校（山东广饶人）。另有少校、上尉军医各1名，中尉书记长、准尉文书各1名，看护兵10多名。该处主要负责全旅卫生业务领导、药品分发、旅直机关日常门诊等工作。军医处先住三河村原气象站（原东关玻璃厂），后转移到东营房（现九一医院），开战后于6月间搬到城里民康路21号。

旅部医院人员近40名，院长邓超麟中校（辽宁本溪人）。另有少校军医2名，上尉军医2名，上尉司药1名，中尉军需长1名，医兵30余名（内有上、中、下士军人各2名），主要任务是收治全旅伤病员。

旅部还编有卫生队，共有人员40多名。队长崔容阁中校（沈阳人），另有少校军医2名，上尉军医2名，上尉司药和少尉军医各1名，医兵30多名。卫生队还配属一个担架排，排长军衔上尉，有担架50副。

此外，旅所属各团均有少校医官兼担架队队长1名，上尉军医2名，中尉司药1名，担架排长1名，担架30副，担架兵60余名，每营有医务所，编有上尉军医1名，中士1名，医兵2名，主要担负战场营救工作。表面看来，各级卫生机构编制齐全，人员众多，似无"缺医少药"之虞。但战事一起，纷纷各自逃命，哪管伤兵死活。这是后话，暂且不提。

当时旅部医院住滋阳县一中（现兖州一中），设备简陋，卫生条件很差。药品、器材逐日消耗，起初尚可通过空运补充，但自人民解放军的炮火控制飞机场后，空中交通遂告断绝，只好"坐吃山空"。

7月12日下午5点多钟，人民解放军展开了全面进攻。先听到两声炮响，紧接着一排排炮弹就铺天盖地地打了过来，霎时间，兖州城头火光冲天，浓烟滚滚。解放军的炮火打得既准确又密集，令守城炮兵毫无还击之力。有好几个炮兵阵地一炮没放，便被彻底摧毁。震耳欲聋的炮击持续了两个多小时，解放军步兵在炮火和机枪掩护下，对兖州城头发起猛烈冲击。这时候，守城部队一面进行顽抗，一面呼叫救护队救护。但炮声一响，许多医护人员便逃之夭夭，只好临时抽调一些私人诊所的医生、护士配合救护队前去救护。

这时的兖州城是一片狼藉，被炸毁的汽车、装备熊熊燃烧，钢骨水泥的碉堡被炸得支离破碎，阵亡者的尸体横七竖八，随处可见。守城士兵不愿送死，不论轻伤重伤，凡挂彩者均退下阵地，等候救护队救护。许多经过包扎后仍有战斗力者，也趁机跑到医院。

旅医院已是人满为患，大量伤号无法收容，哭的叫的，吵的闹的，混乱不堪。为安置伤员，又将美以美会（现人民电影院对门部队修理所）、安多医院（现人民医院）略加收拾，就安排进五六百人。最后，连浴新池、浴德池澡塘都住满了伤兵。随着伤亡日益增加，医药渐感缺乏，对许多伤兵只好草草清创，简单包扎了事。在参加军医处组织的几次巡视中，我看到大部分伤员由于缺乏必要的治疗，伤口化脓生蛆。室内苍蝇乱飞，臭味熏天，令人作呕。为收买人心，旅部曾组织"慰问团"，去各医院慰问伤员，每人赏10万元法币，当时这些钱只能买1斤馍。

7月13日下午3点半左右，城西、城北均被解放军占领，并逐渐缩小包围圈。李玉堂、霍守义和一一一旅新任旅长刘书维看到大势已去，一面令部队由新东门和老东门分路向东南突围，一面各自带领亲信分散逃窜。一时间，人山人海争相出城，被挤死、踩死的不计其数。各医院轻伤员大都跑掉，剩下四五百名重伤员，被解放军医护人员全部收容到东关花园，给予精心治疗。

14日一大早，我们由藏身的地窖中出来，向执勤的解放军战士询问解放军卫生机关。经介绍，我们向华东军区卫生部投诚，受到了热情接待。听到的第一句话是"受惊了，快坐下"，我心里感到非常温暖。卫生部胡主任（名字记不清了）和我们一一握手，亲切问候，并命人送上毛巾、西瓜。我们吃在嘴上，甜在心里。我向胡主任双手呈上自己所保管的药品、器材清单，作为我献给人民的礼物。其中有不少美国进口干血浆、棉花、纱布、救急包等。胡主任看了清单，连声说好，嘱咐我好好保管。这批药品、器材，后来全部交给兖州市立医院，兖州市委秘书张国舫要奖给我北海币3万元，我分文未收。

在与胡主任交谈中，他让我们先协同解放军医院救治十二军遗留下的伤兵，我们欣然从命。随即发给每人袖章一个，上写有"中国人民解放军华东军区卫生部救护队"字样，并加盖公章。在解放军医院里，我亲眼看到，十二军的伤病员有着良好的待遇，每日两餐大米饭或白面馒头，菜有土豆、豆芽、豆腐、猪肉等。重伤员吃的是面条、鸡蛋汤。市长周兰田和爱人带着通讯员骑着马来看望过两次，问长问短，嘱咐伤员们好好养伤。这些伤员经过精心治疗，不久都已痊愈。有的参加了革命队伍，有的回家乡与亲人团聚，各得其所。对回乡人员，解放军还召开了欢送会，发给路费和路条。欢送会上，不少伤病员感动得泣不成声。国民党一一旅工兵营中校营长于作贤在欢送会上说："解放军就是好，给我们治病治伤，临走还发给路费，真是比爹娘都亲！"

对我们军医处的20多人，华东军区卫生部一再讲明尊重我们个人的意见，愿走愿留自便。我坚决要求留下参加革命工作。从此，我便结束了17年的旧军队生涯，投入了人民的怀抱。

| 第二章 |

亲历兖州战役

兖州外围战的回忆

孙焕彩*

1948年1月至7月，我奉命率领国民党整编第十二军———一旅，在兖州及其附近地区驻防，指挥过对人民武装力量的战斗。现将这方面的情况回忆如下。

一、十二军与整编三十二师互换防地

1948年1月26日上午，十二军军长霍守义把我叫到他的办公室内，对我说："你回去后要做移防准备，明天你率旅部及一个团先去

---

* 孙焕彩，当时系国民党第十二军———一师少将师长，整编———一旅旅长，整编十二军军部少将高参，兖州战役被俘。

接周村东寨的防务，将长山县防务交给长山县县队，邹平和桓台县一带的防务，等三十二师到达后，再移交给他们。尔后，你们到济南白马山营房找军部王参谋长，由他联系办理火车将你们送往兖州。你们在济南的家眷都要随部队坐火车一起到兖州，任何东西也不要留在济南，行动要快。"霍讲完后，我说："本军从1945年双十节跟随李延年来到济南受降，前后经过夏梦中、王耀武统率，在济南已经驻了四个年头。部队的家眷、亲友的住房都安置得很合适，三天之内让他们跟部队一起车运兖州，到兖州后恐怕一时无处安排，可否先让本旅一部分舍管人员跟随一一二旅去兖，想法给部队和眷属安排一下住处？我作为旅长只能给各团下命令，而不能给眷属们下命令。"军长听了以后，对我说："你命令各团，由各团分别安排他们的家眷。问一下谁家不走，军部留上校附员郭殿有在济南调查谁家不走，然后找她们的男人问明到底是什么原因。其余的事你不必问。你快去按命令办吧，等你到兖州后我们再谈，你回去吧。"

我回到旅部后，立即将各团团长召集起来转达军长指示，交代准备向兖州移防事项。团长们表示：春节即将来临，过节防寒物品都已齐备，队伍移防没有问题。可就是家中老人、孩子们平日的生活用品太累赘，最好能让各家眷属根据自家的具体情况斟酌行动，时间上不必限制太严。我内心很同意各团长的意见，于是便履行公事地对他们说："你们尽力遵照军长的指示去办吧。"

2月中旬，三十二师才将周村一带的防务接受完毕。在防务交接过程中，双方都无差错。这样，我们在移防时间等方面就基本上达到了军长的要求。随后，我即到济南白马山找王参谋长联系部队去兖州的事。在那儿，遇见了二绥靖区副官处副处长张维钧，他说王（耀武）司令官派他找我有话谈。于是，我随张到二绥区去见王司令官。见面后，王对我说："今天有你的一位东北老同事朱光沐和他的两个女儿要回东北，现在我家等你，想和你见面谈谈。"进屋后，朱光沐走过来与我热情地握手，然后向我介绍了他的两个女儿，并述说了明天他们一起搭火车去沈阳等方面的情况。我们谈话间，王耀武的老母亲和夫人走过来，王站起来一一做了介绍，然后分别就座。接着，王让人备置了酒菜进行款待。我推辞不过，只好参加了宴会。席间，王司令官说："霍军长走时我未能饯行，很觉遗憾，你们军在这里待了三年多时间，一旦调走真有点惜别之感，祝愿十二军前途光明！"我说："我今天能参加司令官的家宴十分荣幸，衷心感谢！"宴会结束后，我们握手告别。由此可知，霍守义离开二绥区时没有向王耀武辞行告别，以后也无信函、电报往来。

二、到兖州后军长的一次谈话

1948年2月15日下午，一一一旅全部乘火车到达兖州。军参谋长王树军指定我旅暂驻东营房。我将各团住处分配完毕后进城去见军长。走进军部，见到副军长熊仁荣。他说："军长回公馆了。"我说："军长不在，向副军长报告也是一样的，请您转告军长，就说本旅周村防务移交完了，三十二师参谋处也给了证明收据。现在部队已全部到达兖州，驻扎在东营房内。"

16日上午，我又到了军部。熊副军长说，军长已经从公馆来到办公室，并让我到军长室谈话。我见到霍守义后，向他报告了周村防务移交经过以及本旅已到达兖州的情况。霍听后问我："你的家眷带来没有？"我回答说："已经带来，同我一起住在东营房里。"随后我问军长："有什么新情况吗？这次移防我感觉很急。"霍说："人不该死总有救星，春节前我到'徐州剿总'面见总司令顾祝同，请求调换我军防地，承蒙他批准并下达了命令。我恐怕中间发生变化，所以先带领一一二旅来兖州接替三十二师的防务，以催促他们快去周村接防。据军部留守在济南的郭殿有前天来电报说，王司令官请你到他的公馆里进行了午宴饯别？"我回答说："是有此事，他派副官处副处长张维钧把我叫去的，说有一位东北老同事朱光沐想见我。席间，王司令官表示未能给军长饯别很感遗憾，并让我向军长转达他的心意。"霍听后"咳"了一声说："王司令官表面上对你很好，内心却总想撤换你的旅长职务。你知道吴守庸吗？王要吴守庸接一一一旅旅长，想使他的特务旅旅长王敬箴接一一二旅旅长。这两个旅的旅长换完后不就该换军长了吗？幸运的是顾总司令这个人不忘旧情。在徐州我们一见面，他就很热情地问我有什么困难吗，我提出请求调换防地问题。他听后立即批准，并下令让我们与三十二师对调。过去咱与他没有什么交往，只是在抗战初期，咱两个师驻涟水县，你们那个师驻顾家大楼——他的老家。说起来就这么一点缘由，如今竟能这样热情地待我。可是，咱们跟随王司令官三年多时间，他却总想拆散咱们的部队，两下对比起来，我很感激顾总司令，我认为他是解决我们困难的救星。李司令这个人也很忠厚，他对我说'我没有基本队伍，谁驻这里就是我的基本队伍'，所以当我带领一一二旅到达这里时，正逢他过生日，我就以本军团长以上军官名义给他送了些祝寿金器礼品，他很高兴地表示感谢。我打算在部队分防之前，再备置两桌酒席，请他到军部来做客，由我军团长以上军官陪同会餐，以便彼此加强联系，进一步认识认识，因为今后咱们归他直接指挥，争取办一切事情都能得到更多的方便。"事后，我认为霍军长所讲王耀武要撤换两个旅长的事，王是不会轻易向外透露的，这只是霍守义自己猜疑罢了。所以霍在离开济南时不去见王耀武，也不向王作书面辞行。由此可见，霍对王是抱有个人成见的。

三、布防会上的争吵

2月17日上午，雪雨交加。副军长熊仁荣主持分防会议，参加会议的人员有旅长孙焕彩、于一凡，独立旅旅长刘宗颜，总统府视察官王炎（蒋介石的耳目）。

熊副军长说："因为军长患感冒在公馆休息，今天让我主持分防会议。昨天一一一旅已经全部到达东营房，两天以后，由孙旅长带一个团到滕县城警卫徐、兖之间铁路交通，其余两个团整修东营房北头的旧飞机场。一一二旅全部驻济宁。独立旅全旅驻曲阜县。"

我说："让我旅派一个团驻滕县，何必要旅长亲自带领呢？多加一个上司，显得团长无能力和不被信任。按常理，我应该跟本旅主力在一起。"接着，熊副军长解释说："分防方案是军长同王参谋长拟定的，今天让我传达。"我说："布防是为了打仗，不是摆在那里做样子，吓唬敌人！"我这句话刺痛了于旅长，他板起面孔对我说："这是军长的意思，我们只应遵命奉行，没有讲价还价的必要。"我说："既叫会议，就有表达个人意见的权利。如果照你那种说法，不如由参谋处拟一纸命令下达到各团，何必再开会？既不浪费时间，又省得咱们两人进行争论。"于一凡说："军长未到场，你对副军长发牢骚，我认为不合适。"我驳斥于一凡说："你不应该挑拨我和副军长的关系，制造我对副军长有意见。你的用心值得我考虑，我认为你处事不公正，不看事实。我们军主要任务是防守曲、兖两县城，军的主力部队应在兖州，现在应加强兖州城防，赶修兖州城周围的工事。副军长是兖州城防司令，每天只能用从泗水、宁阳、曲阜、兖州4县派来的400名民夫、30辆牛车修筑兖州城防工事，而在这种情况下，却闲着一个旅的精壮兵力不用，摆到运河沿上打鱼捞虾，一个个吃得又肥又胖，那不是摆样子吓唬人，是干什么呢？"于一凡气得把脚一跺，站起身来说："你是在骂人！"这时熊副军长说："两位旅长先停一下，现在请王视察官做指示！"王炎说："没有什么说的。"接着，熊副军长又讲了几句，就宣布休会了。

散会后熊对我说："于一凡全旅驻济宁是军长指定的，你说的话太刺激他，他会向军长报告你的，对此你也不必担心，随后我再向军长做解释。现在你就准备去滕县吧，这边有什么事的话，我一定帮助你。咱俩的私人感情到什么时候，任何人都是破坏不了的，这点请你放心好啦！"我问熊："你认为这样布防怎样？"熊低声对我说：

"这个布防方案要不得。他近来自高自大，布防的事不向李司令官报告，也不听我和参谋长的建议。你要当心，千万不可顶撞他，他对你的意见是不会接受的。于旅长、刘旅长两部的防地无什么顾虑可言，所以他俩都同意他的分布，这是可以理解的。"

事后我暗自思忖：我一个旅分成三下，又偏令我带一个团到滕县驻防，对这样的分防又不让人提意见，还装模作样地开什么布防会议，倒不如说是宣布"布防规定"更确切些。

四、到滕县驻防

2月18日早晨，我旅三三一团在兖州火车站内全部登上火车后，我即到军部找军长辞行告别。在军部我见到了熊仁荣，他说："军长感冒未好，让我代他出面见你，并嘱咐你到达滕县后，以一个营分驻南沙河，要特别注意保护该河铁路桥梁；要抽时间到城西南杏花村拜访刘大师（即刘子衡）……"

我离开军部后，很快登上了火车。林学骞团长向站长挥手示意，站长打出绿旗，火车随即向南开动。

上午11点，列车到达南沙河后下来了一个营。下午1点，该团其余人员全部在滕县站下车。进城后，田专员（兼滕县县长）带领级索、卓楼两个乡的乡长、县大队长走来见我，向我介绍说："近来在微山湖、南阳湖两岸，八路军的民兵逐渐增多，级索、卓楼两乡的田赋柴草催征不上来，乡丁也抽派不出去，今后在这方面请旅长要多多帮助。"

20日上午，我到杏花村拜访刘子衡。他身穿黑布棉袍，面带笑容地问我："你们全旅都来啦？"我回答说："只来了一个团，其中还留下一个营防守南沙河铁路大桥。"刘说："一个星期以前，王佐民（王耀武别名）从徐州回济南经过这里时，他谈到潍坊敌情紧张，并且想让你们军再回济南，但总部对此未予批准，他为此很着急。这些话我未对别人讲过，今天你特意来看我，我对你就毫不讳言了。你们东北军并非嫡系，应当和刘汝明密切联系才有力量。你们军现在有些孤立啊，好在李玉堂为人比较厚道，听说他对你们军长很好，你们都有前途。我们过去未通过信、未见过面，但据你们的政训主任郑觉山对我讲，你是个能吃苦的人，今天一见面果真看出了这点，所以我对你谈话直截了当。据我观察，形势变化很快……"正说到这里，他的家人把饭菜端了上来。刘说："我安排了一顿简单的便饭，你就在这里吃午饭吧。我这里没有酒和肉，你也不必推辞，请随便吃点吧！"我吃过午饭向刘告辞，他说："我这里有句临别赠言，请你记上：养其生以有待，留此身以有为。"我说："我是个军人，对这两句话的深刻含义领会不了。"他说："三个月以后，你自会领会得了的。"最后，刘说："后会有期！"我说："部队移防时，我就不再来麻烦你了。"

回到城里，田专员在旅部等我，他手里拿着一本书，对我说："特意送这本《圣经》给旅长，请您收下，每天早晨念一段会使心情愉快。"他劝我信奉"耶稣教"，我因早已信奉了中国"道教"，不可出尔反尔，所以拒绝接受他的那本《圣经》。他问我："你到刘大师那里去了吗？"我说："他的名字不叫刘子衡吗？怎么称他刘大师呢？"田说："他是给蒋总统讲过《大学》《中庸》的先生，哪里办训练团、训练班都要请他给学员讲解《大学》《中庸》，凡是听过他讲书的人都称他刘大师，连王、李两位司令官都称他刘大师。刘大师的称呼遍及山东，甚至全国都知道。曲阜县县长就靠刘大师作后台，山东省主席曾调换过三次却没有更动曲阜县县长王震宇的职位，其缘由就因王是刘大师的外孙女婿。他不但长居曲阜县县长这一肥缺，其县大队在枪支弹药的装备方面，也比其他县充足精良。王可以捐老百姓的钱，到李司令官那里购买枪弹，甚至轻机枪都可很快买到手。我们县级索、卓楼两乡迫切需要弹药对付解放军的民兵，可是我们的呈文报上去后，到现在仍批不下来。"从田的谈话中可知，他的意图是想向我要子弹，于是我说："明天林团长想到湖边熟悉地形，顺便让他送给你们一部分子弹，用以感谢你们帮助该团催征粮草之劳。随后，你们仍要向绥区请领那里积存的弹药，也可学习曲阜县王县长的办法。"

在我与田谈话时，接到副军长熊仁荣给我的一封来信，其大致内容是：李司令昨天找军长研究，决定由我军派部队去蒙阴接山东保安二旅旅长于乐东及其部属。据说该部已被解放军包围，危在旦夕。军长原先决定派你旅副旅长杨毓芳带两个团去蒙阴，但因杨有病未好，遂改为两旅各派一个团，由两位团长合作完成这个任务。部队到达后得知，该旅未被解放军包围，而是因蒙阴西庄一带形势紧张，于怕带不出家眷、财物，才向李司令官请求派部队接应的。两个团回来时，与解放军地方部队小有接触，但没有损失。现在，于乐东部驻泗水城里，每天向老百姓派饭，地方对于部很是反感。另有一事先告诉你一声，以便在思想上有所准备，现有消息要调你们回来，另有任务安排，希你注意不宣……

我看完这封信后，感到军长使用———旅太随便了。而杨毓芳副旅长敢于不服从霍的命令，不接受去蒙阴的任务竟平安无事，其原由因为他是霍的内弟（杨是霍夫人崔则先的胞弟）。——二旅旅长与霍虽无裙带关系，却是霍的嫡系——基本队伍。抗日战争时期，在山东东南敌情紧张时，霍不听战区司令的命令，擅自将——二师拉出战区到皖北投靠汤恩伯。汤即给霍十二军军长名义。当时（1942年2月）霍的——二师只有两个团，另一个团被荣子恒拉走投敌。汤恩伯假蒋介石命令，将于学忠直接指挥的———师由山东调到阜阳编入十二军建制。由此，霍认为———旅（原———师）不是他的嫡系，不可靠，常调遣该旅担负零散任务，并准备用其内弟杨毓芳接替———旅旅长。

五、调防泗水县

3月15日接到霍军长的命令：———旅旅长带领三三一团进驻泗水县城，所遗滕县及南沙河的防务，由当地保安团担任。

3月17日下午，我率三三一团到达泗水城里。县长季叔平迎接我们时说："前几天，山东保安二旅旅长于乐东带领队伍在这里住了两天，没有饭吃，然后开到宁阳县向老百姓吃派饭，有的还抢东西。当地老百姓集会反对他们，并拿起武器将他们赶走了。于乐东本人逃到绥区找李司令官想办法，司令官拒不接见他。老百姓认为只有于乐东垮了，泗水、宁阳两县的人民才能得安生。当前，本县的老百姓负担很重，每天出100名民夫、30辆牛车去兖州修城防工事，大多数人家没有粮食吃，现在只能用树皮、野菜充饥。我不忍心再向民间派夫、派车，所以今天我要去见李司令，就便向霍军长请求用兵工替换民夫，工程进度会又快又好。此为一举两得之事，老百姓定会感恩无涯。"

随后，季县长向我借了一辆卡车到兖州去见李玉堂与霍守义，请求他们用兵工代替民夫，争取给老百姓一些喘息时间，以便抢收小麦。但李、霍二人对季的建议不予采纳。

季县长从兖州回来说："老百姓叫苦连天，骂声载道。李玉堂只知道要钱不要老百姓。今天我不是背地发牢骚，而是当旅长的面说几句心里话：我原是绥区总务处上校科长，李司令官硬叫我来泗水县当县长，这个县经伪军荣子恒一个旅糟蹋三个多月，后被八路军全部消灭。这个破城、穷县，三面被解放军包围，田赋、柴草要不上来。县大队有队员24名，手中有枪无弹，白天不敢出城，给养靠向绥区借小麦维持，打算等麦收后再还债。现在看来，等不到麦收情况又要有变化。昨天曲阜县县长王震宇说，一一一旅最近要调回兖州另有任务，因此泗水县的麦收就又成问题了。"

六、威力搜索东西黄叶

4月26日，军长命令我率领三三一团，并会同曲阜县大队一起威力搜索东西黄叶一带的解放军。

次日拂晓，我们开始行动，由曲阜向尼山搜索，途中经过程庄以北的麦田时，解放军的民兵在麦地里鸣枪报警。三三一团前卫营搜捕到两名民兵，他俩说："张专员已经通知各村空室清野，防备国民党的军队袭击解放区。"

中午，我命令部队在尼山以北休息用餐，发现解放军从东黄叶出动约一个团的兵力，向尼山方向前进。当时，林团长展开两个营准备阻止解放军，并令曲阜县大队退至程庄以便掩护三三一团撤退。双方在尼山以北小部队接触时间很短，随即结束。这次，我发现东西黄叶有解放军的兵力约两个团，并配备有轻重机枪、迫击炮等武器。他们并未向我三三一团进攻。

下午6时，我集合部队返回县城，用电话向军长报告了关于解放军的情况。不久，军长指示，令我带领三三一团回兖州。

七、王耀武派机送饷

兖州东营房北边有一块空闲地，据说是日伪时期的旧飞机场，但那儿没有照明、风向等设施，倒像个空投场。我让部队将它整修轧平。

这个机场刚修好两天，就有一架由济南开来的小飞机在此降落。从飞机上走下来两个人：一个是驾驶员，一个是十二军军需处中校科长刘万玉。刘说："这架飞机是受王（耀武）司令官指派，来给本军专送5月份经费的。军炮兵营5月份的经费，已由祁建甫营长在济南扣下，该营6月份的经费划归吴化文军发放。"刘万玉还低声对霍军长说："潍坊、周村都失守了。王司令官关心本军，特派这架专机将5月份的经费送来，请军长最好能亲自给王司令官拍一份电报，表示感谢。"霍笑而不答，随之叫着副官回公馆去了。刘科长招待完驾驶员，就只好又忙着给王司令官写了一封简短的感谢信。从这件事上可看出，霍军长对王耀武是很有意见的。

八、形势紧张赶修工事

5月16日上午，副军长熊仁荣把我叫到他的办公室里说："据绥区参谋处通报：解放军攻占了潍坊、周村后，其大部有向新泰、蒙阴活动的迹象。绥区为确保曲、兖两县，下令各守备部队要迅速加强防御工事，并派出谍报人员深入新泰、蒙阴及东西黄叶一带侦察情况。军部参谋处判断解放军下一步很可能攻打济南，拔去山东腹地的钉子。"熊还郑重其事地交代我说："我们也要尽力准备，以防万一。据泗水县季县长给军长的来信说，小麦成熟之时就是我们曲、兖部队打仗之日。因为兖州是交通要冲，又是产粮区，敌我双方为了抢收小麦定会引起打仗。为此泗水县请求军部派队伍帮助抢收小麦，但未被批准。现在，你们旅要加紧赶修东营房的工事，因为那里存放着很多弹药。"

回去后，我按照军部的指示，令部队抓紧行动，仅用了3天多的时间就在东营房外挖掘修筑了一条宽10米、深5米的壕沟。

一星期后，我旅派往新泰、蒙阴的谍报上尉参谋杨振岗、谍报队队长吉家珍报告说："那两县的老百姓赶集的很多，许多农民到集上购买收麦用具和生活用品，看不到解放军的队伍。东西黄叶一带民兵警戒很严，无法进入那里侦探情况。程庄以北收大麦的老百姓谣传：解放军要在端午节进入曲阜城，召开庆丰收大会……"另据泗水县县长季叔平说："——旅离开泗水后，情况无变化。"

我将上述情况向熊仁荣做了汇报，他说："根据解放军在东西黄叶一带严密封锁情况来看，他们有对曲阜县城袭击的企图，我打算马上通知独立旅刘旅长要特别注意解放军张光中部，严防他们袭击曲阜城。"

九、李玉堂卖军火武装地方

6月初的一天上午,本旅东营房哨所拦阻了曲阜县县长王震宇乘坐的一辆卡车,车上装满武器弹药。得知这一情况后,我同三三一团团长林学骞迅速赶到那儿。王对我说:"因为急于赶回县城,就不再到旅长那里打搅了。"我要求他到旅部谈谈怎样抢收小麦以及有关解放军的情况。他不便拒绝,只好勉强答应了。他边走边对我说:"这次向绥区买了40支步枪、4挺轻机枪、5万发七九子弹,共用了8万块银圆。请旅长给介绍一名能当大队长的军官,前去帮我加强县大队建设。"他还说:"李司令官只顾卖枪弹赚钱,不知道爱护老百姓。我曾向司令官请求暂停派民工、民车,修筑城防工事由兵工代之,给老百姓一点时间,以便抢收小麦。而李不予批准,还驳斥我说不懂'养精蓄锐,以逸待劳'的用兵之道。"

十、发生在曲兖之间的战斗

6月9日晚,在兖州城东6华里处的古柳树村一带,发现许多解放军,正积极构筑工事,直指兖州。午夜时分,三三一团林团长来电话报告:曲阜县王县长带着一部分县大队队员,请求面见旅长,据说曲阜城四周已经发现解放军的大部队。我告诉林："请王县长进入东营房。"我向王详细询问了曲阜的情况，然后用电话向熊副军长做了报告。熊说："军长指示，要严加戒备，等天亮察明曲阜的情况后，再作决定。"我问王："曲阜城是否被敌人攻破？"王说："解放军尚未攻城。刘旅长说他的电台与军部联络中断，他让我先带县大队出城到兖州。他说如果敌人兵力太大，他也要伺机撤退到兖州来。看来刘旅长没有决心守城。"

10日上午6时，霍军长还未离开公馆，当时，熊副军长、军参谋长将我叫去研究当前情况。我认为：敌方如此沉着地加强阵地，其目的是要掩护主力行动，尔后对兖州作战。因此请副军长抓紧部署守城与出击部队。本旅在东营房驻有三三一团和三三二团一个营，其余三三三团及三三二团两个营驻在城里。最复杂的地方是西关外城厢，那儿商店、摊贩、庙宇、民房参差交错，对防守者极为不利，应在部署城防兵力时考虑到这一复杂情况。

上午10点多，军长带着满脸病容来到办公室，听了各方面的情况汇报后指出：解放军之所以对曲阜、兖州构成威胁，其目的是想抢收这两地的小麦，解决他们的军粮，以免遭本军劫留和地方县大队催征田赋。另外，独立旅刘旅长是个有办法的人，他不能放弃曲阜撤回兖州，我们也不应相信王县长的话。我认为，今天应令林团长带领该团先去驱逐古柳树之敌，然后用6辆卡车装载弹药，武装保卫送至曲阜。

我用电话把林团长叫到熊副军长办公室，向他说明了军长指派的任务。当日下午2点，一一一旅三三一团从东营房展开，对古柳树村发起进攻，使用山炮8门，攻至下午6点半毫无进展，只是击毁一些民房和麦秸垛，该团伤亡达60多人，最后不得不撤回东营房。

霍军长对此很恼怒，斥责我使用一个团、八门炮竟攻不下一个古柳树庄，为此应受到惩罚。遂命令——一一旅旅部撤进城里，三三一团撤出东营房，由三三二团接守弹药库，三三一团今晚接替三三三团，担任西城厢和西门、南门的守备任务，一一二旅三三四团今夜开进兖州城，明天拂晓随军长出发。军参谋长王树军将霍的这项命令用笔记下。

军长回公馆后，熊副军长对我说："曲阜刘旅长的电台仍联系不通，军部派出去联络的参谋也未回来，可能曲阜已出现了问题。"

11日拂晓，霍军长亲自指挥三个团的兵力，使用野炮四门、山炮八门，向古柳树庄发起猛攻。战至中午12点，霍同军参谋长先退回兖州城里，后面是三三四团掩护三三三团与三三二团撤退，而当时三三二团第二营营长朱明章率领全营投降解放军。

后来，有独立旅的老弱伤病士兵10多名逃到兖州，据他们说：曲阜前几天就已被解放军攻破，旅长刘宗颜和三个团长被打死，今天解放军要在曲阜城里召开胜利大会。

熊副军长命令：让这10多名老弱伤病士兵到东营房去，交三三二团收容、治疗，不准外出。现在四个城门统归三三四团接管，由通讯营负责架设有线电话，任何人未经军长批准不得随便出入。我说："西关和西城厢由我旅三三一团守备，必须给该团换班提供出入方便，其办法可由城防司令直接批准，不必再用电话向军长请示，否则会误事的。"

十一、霍守义部署兵力防守兖州城

副军长熊仁荣把我叫到他的办公室，分析研究当前的势态：曲阜刘旅已被消灭，昨天我军攻打古柳树又受挫，看来敌方攻取兖州的意图已很明显。当前的问题是我们要想法打破对方的计划，扭转被动局面。为此，我向熊建议："要用全力出击，摧毁古柳树庄之敌，尔后将一一二旅主力从济宁调至兖州城西关及西城厢，这样既能巩固城防，又可随时出击。"

我们正谈到这里时，军长带着作战参谋进来问："当面敌人有无变化？"熊答："无变化，对方仍在忙着加强阵地。"军长又问："你俩认为这股敌人的企图是什么？"熊回答说："他们是准备攻取兖州城。我们应争取主动，首先消灭当面之敌，然后令一一二旅回兖州巩固城防，以便随时机动。"军长说："济宁不能放弃。据绥区铁甲车通报，敌人利用夜间分批向铁路以西运动。根据掌握的情况，我的决心是：一一二旅主力不动，以牵制从兖州西厢进攻兖州城的敌人；一一一旅三三一团防守西城厢，确保娘娘庙据点与西城下地堡及城内的联系；三三二团仍据守东营房；三三三团控置于南门里；三三四团防守四个城门；军部野炮和一一一旅的山炮统归炮兵营关营长指挥，今晚在北门里砖塔上设置瞭望哨和观测所。"最后霍对熊强调说："一一二旅主力必须控置于济宁，而一一一旅归城防司令直接指挥，但一一二旅三三四团归军长直接指挥。"军长说完，熊副军长说："唯命是从。"

然后，熊对我说："今天你先回旅部，明天再来研究吧。"我认为既然军长已做出决定，再进行研究已无必要，看来只有准备挨打好了。当时，林团留在泗水县城的便衣侦探报告：该县城比曲阜城早10天解放。季县长逃回兖州后下落不明，老百姓传说季已被李司令官扣押起来；季到泗水县后就与解放军合作；又说季是共产党人，已被李玉堂秘密枪杀。另外还盛传，八路军就要解放兖州了。

十二、自欺欺人　被动挨打

自霍守义亲自与古柳树的解放军较量败回兖州城里后，有一个多星期双方相安无事。绥区组织宣传队满城乱窜，到处贴标语、呼喊口号，其内容无非"团结起来，保卫兖州"等等。

又过了两天，夜间解放军在南门外向城里喊话，其主要内容是："东北军兄弟们，不要上蒋介石的当，不要再顽固了"等。同时，还用迫击炮向城内射进来许多传单、劝降信等。并在一天下午，开炮击中城内的砖塔，军部的炮兵观测所随之告吹。这实际上是在向十二军发出警告：不要认为解放军无能力进城，没有大炮，软弱可欺。

但是，这一切并未使李玉堂、霍守义等人觉醒，他们认为解放军的真正用意不是攻打兖州，而是攻占济宁。军长曾对熊仁荣明确指示：城里三三三团和西关外三三一团准备援助济宁一一二旅，三三四团与三三二团仍按原部署不动。

与霍的判断相反，解放军于7月初利用夜间向西城厢娘娘庙三三一团第二营发起进攻，他们先将娘娘庙附近摊贩店铺的房子打通，向前推进后，构筑据点，看样子有继续往前推进的趋势。

另据三三一团第二营营长南广田报告：敌人到达西城厢的兵力约在三个团以上，爆破器材很先进，预料夜间有可能向我娘娘庙据点进攻。我营准备用两个连守娘娘庙据点，另以两个连从进攻之敌的侧背进行反攻。以收夹击之效。霍守义得到南营长的报告后，指示说："据军部谍报人员掌握的情况，到达西厢的敌人不过两千，命令林团要全部消灭入侵之敌，具报备转。"三三一团林学骞团长，遵照军长的命令用全团兵力进行反攻两夜而没有进展，解放军却越战越强，逐渐逼近娘娘庙据点，并针对城西南角碉堡构筑了对抗性工事，准备伺机攻入城内。因此十二军在战役中陷入了被动局面。

7月初的一天上午，霍守义曾召集兖州城内十二军营长以上军官训话，其主要内容有："一一一旅旅长孙焕彩调至军部另有任用，其旅长职由军长办公室少将主任刘书维接任，即时交接。"散会后，与会人员七嘴八舌，议论纷纷。有的说："为什么不叫杨副旅长接替旅长呢？"南广田营长说："撤换了旅长，团长、营长也快了！"不料这句话，竟为他以后丧命种下了祸根。

十三、残酷镇压挽救不了失败的下场

刘书维接任旅长后，林学骞团长发牢骚、闹情绪，向旅长提出请假休息，结果未准。鉴于这种情况，霍守义为稳定浮动的军心，竟先后给营长南广田，连长王化新、廉清泉等，罗织了谋反投降解放军的罪名，将他们在东门外火车站内水塔下枪杀了。

为此，熊副军长劝勉林团长说："不要太固执，不要走极端，千万不要触怒军长，应坚持继续作战。"还说："泗水县县长季叔平也已被李司令官枪毙了。现在战况紧张，大家应尽力保卫兖州城。李司令官说，王耀武已派出一个师前来支援兖州，现已到达泰安。明日将给我们空投给养和化学迫击炮炮身，这种炮的炮弹我们东营房弹药库里很多，据说是美国制造，杀伤力很大。邱清泉在鲁西就曾用这种炮攻打过解放军。"

第二天上午，先后共有10多架飞机在兖州城上空盘旋，投下许多大米包和化学迫击炮炮身。当时军部伙房房顶被砸坏，两名伙夫被砸伤，许多民房被砸毁，许多居民被砸伤。这时，解放军加紧进攻，已全部占领了西城厢，并猛攻西城墙上的碉堡楼和地堡。

7月12日夜半时分，解放军一部攻进城内，到达天主教堂附近，然后积极挖掘交通壕，努力扩大战果。当时，李玉堂与肖参谋长到十二军军部了解战况，霍守义一时不知说什么好。副军长熊仁荣报告说：“侵入天主教堂附近之敌，已与其西城厢的主力沟通。我们必须全力解决西城厢之敌才能巩固兖州城。现在林团伤亡很重，因此正是使用一一二旅，从背后抄袭西城厢解放军主力的大好时机，以收内外夹攻之效。”对此，李玉堂不置可否。霍守义则坚持待援。这时候，炮兵营营长进来报告：“东营房弹药库的化学迫击炮弹已经用完，而教堂附近之敌正在向四周挖交通壕。”接着，熊副军长通知林团长到军长办公室面报敌情。林说：“现在只有西北城角的两个碉堡还在我们手中，其余的已全被解放军攻占。”林学骞报告完后，立即赶回阵地。霍守义问李玉堂：“王耀武派的援军究竟到了什么地方？”李说：“已经到达泰安，再有一天行程可到达兖州。徐州总部派出的援军，现在还未取得联系。当前你们要尽力把进入天主教堂附近之敌消灭。”这时解放军不断向城内守军喊话：“你们的援军已经在泰安被我们打退了，蒋介石的飞机救不了你们。你们不要再顽固了，只有向人民投降才有前途。”熊仁荣对我说：“你听到八路军的喊话了吗？援军在泰安已被打退，军长还不肯使用在济宁的一一二旅，究竟打什么主意？要投降吗？”正说到这里，霍守义的小勤务兵孙国举来叫熊仁荣，霍问熊：“在夜间济宁的汽车路能否通行？现在与一一二旅的电台通不通？”熊回答说：“汽车路不通，电台联系也不通。”霍指示说：“现在严令我军守城各部，全力围歼进入教堂附近之敌。”

双方经过一夜激战，13日早晨，解放军的交通壕已接近绥区的西大门，绥区人员不得不全部转移到东门里十二军军部附近，这时城内交通基本断绝。13日中午，李玉堂的绥区人员登上铁甲车，霍守义的夫人和十二军军部的一部分人员也准备乘车离去。最后，李玉堂终于怀着怨愤的心情，带领部分随从人员沿铁路出逃。霍守义始终没有动用一一二旅，其目的无非是想带领这个旅脱离战场，为自己保留一点资本，作为向南京政府讨价的本钱。然而，由于战局的急剧变化，霍守义终于看清了形势，于当日下午带着夫人及部分官兵出城，在泗河南岸向人民解放军投诚。一起投诚的还有熊仁荣、刘书维、林学骞等8名将官。

至此，兖州战役结束，饱受灾难的兖州人民终于得到了解放。

兖州守军被歼记

孙焕彩

整编十二军编制概况

国民党第十二军从1947年9月改称为整编十二军。当时，整编十二军名义上辖整编十二师和整编七十三师，军长为霍守义，副军长熊仁荣，参谋长王树军。霍守义实际上所指挥的只有整编十二师及军直属部队，即整编———旅、整编一二二旅、军直独立旅等，共约3万多人。

在二绥靖区指挥系统时的矛盾

　　该军从1945年10月，跟随蒋介石的挺进军司令李延年到达济南受降，驻在市区附近。1946年春，李离开济南，该军改属第二十集团军司令夏梦中指挥。同年夏季成立山东第二绥靖区，由王耀武任司令，该军隶属于王的指挥下。王对十二军的看法是：旧东北军封建意识浓厚，霍守义本人则是以该部作自己的政治资本，对绥区摆老资格，表面一套，背后一套。例如在有一年夏季，王令该军一一二师去齐河县魏寨增援保安团李连祥部失利，李召集全军连级以上的干部讲话，用申斥口吻说："你们自己说能打仗，是多年的老团体，嘴里这样讲，实际做的不是那么回事，比人家矮半截。"从此以后，王就直接指挥该军的一一一师，配属给九十六军陈金城，在章丘以南危山、鸡山一带进行反人民战争。同年12月下旬，王要我带一一一师，并配属绥区特务旅（旅长王敬篯）去聊城增援十一区行政专员王金祥，并将该专员和团队接出聊城，而不令霍守义带全军去完成此项任务。霍对王这一措施十分不满，认为是瞧不起他，又顾忌我会向王靠拢，于本军的内部团结不利。此间，霍将他的内弟杨毓芳派到本师当副师长，当时我认为，这既是对我的监视，又要杨做他的接班人。因此，我在接受任务时表现忠实效力，以争取霍对我的信任，但在行动上已经靠拢了王耀武，对霍渐趋疏远。1947年1月14日，霍守义带于一凡一一二师、曹振铎三十六师在枣园寺以南停止向莱芜前进，定要一一一师还归十二军的建制，否则即不行动。李仙洲到新泰向霍要一一一师纳入他的指挥，霍却令三十六师曹振铎代之。李电告王耀武说："霍不服从指挥。"后因李仙洲被俘，王对霍未加追究。1947年10月，该军三三二团团长于高翔在济南变卖抢劫来的物资，被绥靖区查出，王令霍立即撤换于团长。霍对王耀武的命令只好唯命是遵。可这个团长是霍的亲信，从当副官起一直提拔为上校团长。于高翔在山东青城县归霍守义亲自指挥，那时他不担任黄河南岸的防务，专门抢掠人民财产。王命令撤于实际上是对霍敲警钟。霍于是年11月，在长山周村军部召开全军布防会议，会后对我和于一凡表示，除希望本军内部团结外，还警告我少与绥靖区交往，避免暴露军的短处。这时霍已经感到长此下去，王耀武是不会原谅他的。霍对我虽然心有顾忌，但在王的指挥系统内无法调动我的职务，因而力图脱离王的指挥。

整编十二军与整编三十二师对调防地

1948年年初，霍守义以女儿出嫁为理由，向王耀武请假到南京。这期间，他亲见顾祝同（霍于1941年在江苏北部顾的家乡一带驻防时，与顾有过通讯联系），请求早日脱离二绥区指挥系统。当时得到顾的许可，下令与驻兖州的整三十二师周庆祥部对换防地。首先由驻周村附近的于一凡一一二旅接替兖州三十二师防务；另外我带一一一旅接滕县城防，以两个团驻兖州，一个团驻滕县。当时任务是维护津浦铁路交通。我到兖州后，向霍面报防地情况。霍说他到南京亲见顾祝同，请求脱离二绥区指挥系统，然后才被调到十绥区，归李司令官指挥。霍认为李比王忠厚，他没有基本队伍，一向没有拆散过杂牌军队。前不久李的寿辰，霍曾亲自参加祝贺，并以自己和两个旅长的名义，给李送金牌一块，作为向李祝寿的献礼，并表示今后多创成绩，以期得到李司令官的信任。3月12日，李玉堂命令以两团兵力去蒙阴县仲村增援山东保安第二旅旅长于乐东。当时以三三三团（团长徐振和）、三三四团（团长马振铎），将保安二旅全部接出仲村，驻在泗水县城厢附近。3月中旬，驻周村的三十二师被解放军歼灭，师长周庆祥只身逃回济南，同时博山、潍县情况紧张。霍唯恐从十二军抽调兵力，因令我带本旅三三一团接替一一二旅泗水县的防务，而本旅三三二团驻邹县，三三三团驻兖州。我接到此项命令后，到军部了解情况，军参谋长王树军授意于我：对解放军的情况及时来电报告，并要加以渲染，以免二绥区认为这方面无情况而抽调本军的兵力。我到泗水县所得的解放军情况，只是在曲阜以南、东西黄叶一带有解放军华东军区张光中部1000余人，两山口附近有地方民兵100多人，其他情况一无所知。我将以上情况报军部后，霍又令我向蒙阴方面搜索。因为解放区地方组织严密，旅便衣谍报员根本进不了解放区。军部又令一一二旅旅长于一凡亲带两个团，从兖州经曲阜、泗水到东西石莱，进行所谓威力搜索。于一凡回兖途经泗水与我会面时谈到泗水以东无新情况，只是博山、潍县都解放了，本军的前途也不乐观。军部的兵力部署不合适，泗水城紧接解放区，只驻一个团，解放军随时都可以俘虏你；并表示他回军部后向霍建议，此地必须有一个团以上的兵力。果然后来军部又派来一个军独立旅第八团（团长杨英华）。这个团到泗水后加重了人民的负担，并掩护泗水县大队出城抢粮、搜刮柴草。县城附近的农村被搞得十室十空，给老百姓造成人为的严重灾难。

九十六军被歼给十二军的影响

霍守义鉴于九十六军被歼，感到已不能袖手旁观，不能再待在孔子故里了，乃携带家眷返回兖州城里，令我从泗水退到曲阜。我撤出不久，泗水县县长季叔平（原李玉堂总务处第二科科长）及该县大队全部被解放军俘虏，随后曲阜以东地区已完全解放。一一二旅（欠三三四团）旅长于一凡开往济宁（这里有第五军军用物资，亦是鲁西重镇），我旅驻邹县的三三二团撤回兖州担任城防。当时十二军的兵力部署，形成东西一条线，主力在兖州，其次是济宁，再次是曲阜。此处都是山东保安团队，如邹县驻的保安三旅旅长葛鳌，宁阳驻的山东保安二旅旅长于乐东等。

不久，十二军独立旅旅长刘宗颜带该旅第九团到曲阜接替城防。我也于当日返回兖州东门外营房，任务是赶修营房周围工事，加强警卫营房以北的飞机场。我旅当时的兵力部署是以三三一团加强警卫飞机场及其周围工事，三三二团担任兖州东门及营房的工事构筑，三三三团担任城防警卫。赶修工事时，李玉堂不放老百姓回去收割麦子，还每天从曲阜、宁阳、邹县，要夫来兖州挖护城河，征用农民数十辆牛车拉沙石，却闲着40辆汽车和十二军两个团的兵力不用，说什么兖州城防委员会有经费，如用汽车和部队做工事，将来账不好结算。他坚持驱使农民为部队修工事，一直到人民解放军围城仍不放弃。

曲阜县城解放　军独立旅被歼

6月8日晚间，据本旅谍报员报告：在曲阜东北柘沟一带，到达一部分解放军，番号不明，并有后续部队。我当时询问军部参谋处，据答复：刘旅已得到柘沟方面的情况，曲阜尚未发现情况，该旅正在加强城防工事。曲阜、兖州间的交通无阻碍，只是邹县城的保安第三旅与解放军有接触。9日晚，据三三一团报告：柘沟一带的解放军已经开始向曲、兖方向活动。午夜，曲阜县县长王震宁带县队赶到三三一团驻地，面述曲阜附近已有大队人民解放军，并已向兖州方向逼近。果然拂晓前兖州以东古柳树南北七八个庄子都到了解放军部队，并在各庄赶筑地堡工事。兖曲间公路交通、通信全部断绝。据军独立旅旅长刘宗颜电报：曲阜城周围人民解放军不过两三千人。刘认为曲阜城墙完整，工事坚固，以该旅现有的兵力可以确保城防，只是感到所储弹药不多，唯恐解放军攻城时间长，有弹药不足之虞。军长霍守义根据上述情况，用电话叫我到军部，面示机宜。霍开头先以探询口气问我："现在向曲阜用汽车送弹药还能否通过？依你看现在解放军的意图是对兖州还是对曲阜？"我回答说："以我的判断是先曲阜、邹县，尔后兖州，虽然现在兖州东乡有强大的解放军威胁该城，却是为了阻止增援曲阜。如说是对兖州，那济宁方面的解放军一定要增加，以阻止增援兖州。现在济宁情况无变化，曲阜刘旅虽表示他可确保该城，但最后军部想予援助，亦恐缓不济急。以我的意见既然曲阜县县长王震宇扔掉该城跑到了王马庄，军独立旅也没有守那个空城的必要，不如乘解放军未攻城前令刘旅长自动撤出，绕道返回兖州。"霍摇摇头，接着说："我的意思还是给刘旅送一部分弹药，由你们派部队掩护，最好在今天上午送到。"我说："以现在的情况看，任务已不可能完成，古柳树庄是兖曲公路的咽喉，驻该庄的解放军已经筑起坚固工事，从该庄南北七八个村庄工事面积纵横之大，可以判断解放军兵力起码有四个团以上。解放军的战术，我们在苏北是领教过的，他们不打无准备之仗，他们的部队执行命令是坚决彻底，守一个阵地剩一个人也不放弃。我们拿一两个团护送弹药给刘旅，即使能完成任务也要付出很大代价。为了保卫兖州，不能因外围一据点的得失去冒这样的险。兖曲公路地处平原，解放军依据做好的工事阻击，火网炽烈，人车无法通过，最后形成我们被动而又难得胜利。不如令刘旅撤退，保存我们的力量。"霍认为我的意见是十足气馁，不予采纳。他鼓励我说："军部将野炮配给你，再从三三四团拨一个营归你指挥，先打开个道口，尔后看情况再用汽车给刘旅送弹药。"我看霍已下决心，又是口头命令，只有遵照执行。便请求以本旅三三一和三三二两个团配野炮4门及山炮8门，于同日下午2点开始向古柳树进攻。先用三三一团连续攻击4次，以12门炮同时发射，而解放军阵地毫无动摇。我旅三三一团却伤亡很重。根据这种情况向霍请示两次，停止进攻，未被批准。最后我派副旅长杨毓芳（霍的内弟）去向霍请求，始准停止攻击。这时我旅与解放军形成对峙状态。当晚11时，霍直接用电话召杨副旅长到军部开军事会议。杨在军部开会经过并未向我转达。次日拂晓，三三一团团长林学骞、三三二团团长李赓唐先后来电话问我：什么时间开始向古柳树解放军攻击？说他们的攻击准备就绪，现已拂晓，军部还没有来命令。我正答复这两个团长我不知道这件事的时候，军部少校参谋洪维重在电话中制止我去指挥这两个团，说已归军部直接指挥。我在电话中问洪参谋："为什么不准我指挥本旅军队？"这时杨毓芳副旅长才对我说："昨夜军长电话召我到军部参加会议，当面指示我，今天军部直接指挥本旅两个团及一一二旅的三三四团，拂晓向古柳树攻击。现在军里还未开始行动，是晚了一点，不过各团昨夜已经知道他们的任务，旅里就不必再传达了。军部令本旅旅部移进城里，比在营房方便些。我会后回旅已经半夜，为了照顾你休息，所以没有转告你。"我表示不同意霍亲自指挥，杨同我谈话很久。此时军部已经指挥3个步兵团、1个炮兵营开始攻击。军的临时指挥所就在东营房的东北角，我旅部直属营、连都在准备向城里移动。因城东门人马出入拥挤，我暂在营房未动，同时想看看军部直接指挥战斗成果如何。中午，我收到三三二团团长李赓唐的报告：该团第二营少校营长朱明章被解放军俘虏，该团的战斗处于劣势。同时发现三三四团队伍后撤，据说该团团长马振铎受伤，因此队伍先撤下来，后面有一一一旅的两个团掩护撤退。我听到这些即到营房东南角用望远镜向古柳树方向瞭望，发现溃退下来的士兵纷纷攘攘疲于奔命。所幸的是解放军既不出击更没用炮火追射，使这些溃军又得以喘息。这天解放军如果跟踪追击，败军后尾的两个团势必要被消灭。这样直到中午各部队才算退回原位置。我带旅部于中午移驻兖州南门里，奉军部的指示，积极加强城防工事。当日下午据从曲阜独立旅第九团逃回的排长声称："该旅旅长刘宗颜、第九团副团长等被击毙，绝大多数官兵被俘虏，曲阜人民正在欢欣鼓舞地迎接解放军进城……"这次军部直接指挥的行动，除营长朱明章被俘外，伤亡连长以下官兵200多名，人人心惊胆战，唯恐解放军继续攻城，于是积极加强城防工事。解放军解决了驻曲阜的独立旅，解放了曲阜城，就自动全部离开了古柳树阵地，因而又给十二军一个整顿喘息的机会。

加强兖州城防兵力部署和人事变迁

6月11日，一一一旅全部担任兖州城防任务，其部署如下：三三三团担任东门至南门守备，并就现有阵地继续加强；三三一团担任南门（不含）亘北门至东门（不含）守备，并继续加强阵地；三三二团为机动部队。另一一二旅三三四团归军部直接指挥，为总预备队。各部队都昼夜赶筑地堡工事。十绥区司令李玉堂亲自在城的西北角指挥构筑一座穹窿式地下堡，并吹嘘说："西面有这个碉堡可以确保无虞了！"在这样紧张的情况下，李玉堂仍不肯用绥区的汽车运沙石，还是强迫兖州、宁阳征来的牛车拉运，加紧修筑工事。因为当时农民忙于麦收，天气炎热，日夜不得休息，致使每天都有人、畜死亡，李却装看不见。有人建议用部队汽车运料，调士兵修护城河，李坚持不肯。时十二军屡吃败仗，城防部队如何部署，李概不闻问，而且从来也没对十二军旅团长讲过话，只是每天忙忙碌碌地上城墙监督构筑工事。6月15日，驻守邹县的山东省保安第三旅被解放军歼灭大半，旅长葛鳌被活捉，保安三旅残部逃到兖州。李玉堂乘机委任何益三为保安三旅旅长，在兖州附近收容残部，补充兵员，临时归霍守义指挥，将兖州东门外营房附近划为该旅守备地区。此时兖州以东、以南都为解放军所控制，仅有兖州至济宁的交通没有断绝。在十二军抓紧休整的同时，霍召集团级以上干部（欠一一二旅旅长及两个团长）开会。霍先叫我到他的办公室，开头先问我："这几天都和哪些人见过面？外边对你的闲话很多，这几天见到陶（军部少将高参陶景奎）没有？"我说："只是前天在东城墙上遇见陶和防毒教官姜乃瑞，并没有说什么。"霍听了我的答复，思索了一会儿，说他的意思是先把我调到军部来，日后另有事做。我说："既然叫我到军部里来，我须回旅部一次，向直属营、连长做一个交代。"霍犹豫一下才说："那么，叫副官处张处长随你一道去，然后一同回来。"我当时听了霍的话，内心十分焦虑，本想直接去找十绥区李司令，又想李在那种情况下不会为我个人的事得罪霍守义，只得仍回到军部。霍便将我安置在副军长熊仁荣的对面屋，并没有加派卫兵，只有一个少校服务官佩一支手枪坐在外间屋监视我。随后，霍将一一一旅旅长职务派少将高参刘书维（霍的同乡，有私交）接任。霍向各团长公布我的罪行是在二绥靖区时与王耀武的关系密切，说我离开济南前王给我饯行，是于本军内部团结不利的行为；另一个是对古柳树的阵地没有完成战略任务，以致独立旅在曲阜被解放军歼灭。会后三三一团团长林学骞向新任旅长刘书维请长假，态度很不冷静，有些意气用事。刘将这种情况报告给霍守义。霍又将副军长熊仁荣喊到他家探询熊对我的态度，熊即请霍对我从宽处理。由于林、熊二人主持正义，霍才改变对我的惩处，调为军部少将高参，与副军长熊仁荣住对面屋，从这以后得到的情况大多是来自熊仁荣方面和部分耳闻目睹。

在兖州城的抵抗和最后被全歼

1948年6月下旬，中国人民解放军开始了解放兖州城的战役。当时十二军的兵力部署是：以一一一旅三三一团防守西面，包括城厢；三三二团防守北面，包括车站；三三三团防守南面、东面。营房由山东保安三旅及地方县队担任守备任务。以一一二旅三三四团为总预备队，统归军长霍守义指挥；以副军长熊仁荣任城防指挥官。以军部上校副官处长张光宗、上校附员马金梁组成督察处，专备卡车昼夜巡查，先后逮捕所谓嫌疑犯男女青年12人，交县政府关押。另有一位老年理发师涉嫌为解放军夜间放信号弹而遭枪杀。一天上午，被解放军俘虏放回的泗水县县长季叔平，走进兖州东门即被张光宗抓获，送李玉堂审讯后即日枪杀。

当战事进行到第八天时，部队在城里的给养、弹药发生恐慌，电请徐州"剿总"空投粮食，每天上午都来运输机10多架进行空投。因而，砸毁民房，砸伤、砸死老百姓的事屡有发生。军队内部的士气日渐消沉、悲观厌战的情绪与日俱增。

7月5日的早晨，三三一团第二营少校营长南广田借换防的机会到军部见我，谈他前天在兖州西城厢反抗解放军的战斗经过，感到该营伤亡过重，现无补充又无援军，对当前的战事很悲观。我劝南鼓励士气坚持待援，并催他快快回营，倘被霍守义的耳目发觉，于其前途大大不利。南广田从我处走后不到两小时，我同熊仁荣共进早餐，少将高参王定中说："军长今早又发怒啦，枪毙了南营长和廉清泉等3个连长。方才在东门外水塔附近执行的死刑……"熊仁荣叹了口气说："这时候杀这么多干部没有什么好处。"我没敢答话，只觉得南广田之所以被枪杀与方才见我有关系。随后，霍守义果然派副官处长张光宗来警告我说："今后外边来人见你时，请他先到副官处由我领他再来见你，这是军长的指示……"第二天的早饭前我同熊仁荣交谈近两天的战斗情况，熊表示消极。这时熊的电话铃响了，霍守义叫熊将靠近西城墙的民房一律拆除，以利作战。熊当即问霍住在那里的老百姓往什么地方安置，霍没有具体答复，因而熊没有执行拆民房的任务。这天下午6点多钟，军部少校防毒教官姜乃瑞带了一排工兵，在熊副军长住的院子里休息喝水。姜向熊报告他的任务是在这里等到天黑，他们出西门去向解放军阵地施放毒气进行攻击（没有说是哪种性质的毒气），请熊转告西门部队届时准予通过，熊当即推交参谋处。姜走后，熊对我表示他不同意使用毒气。一天上午"徐州剿总"用飞机空投一门美制化学迫击炮炮身，被视为珍宝，即用它向西门处解放军阵地不断射击，以为这就可以弥补火力的不足和提高士气了。飞机还撒传单，说什么刘峙亲自乘飞机来兖州上空观战，并已派大军增援兖州，人马即将到来。尽管自吹自擂，也挡不住解放军勇猛的进攻。7

月12日夜间，解放军攻破了十二军西城两个地堡据点，随后又占据了天主教堂全部。在这一个位置上能俯瞰兖州城里的西半部，并迫使十绥靖区司令部慌乱地转移他处。李玉堂仓皇地到十二军军部与霍守义垂头对坐，已无法挽救失败的命运。

7月13日的上午，守西门一带的部队和马匹、骡子等，都集中到军部周围，并不断地用化学迫击炮向天主教堂附近的解放军射击。熊仁荣对我说："李玉堂同霍守义二人都不肯下决心突围，二人面对不语，城里的人马车辆已经把东门堵塞，铁甲车停在大桥以南，已经被解放军的炮火所控制，看情况恐怕今夜有行动，咱俩要抓紧时间休息。"熊仁荣说完这些话便回了他的掩蔽部，我回到我的房间里休息。下午2点多钟以后，熊叫醒我同他赶快走，他说："李玉堂12点以前出东门跟山东保安第三旅旅长何益三逃走了。霍守义带着他夫人崔则先逃过泗河以南被俘，各部队已经混乱，无人指挥，军部各处的人员找不到军长都拥挤在东门附近。"我同熊在东城墙利用工兵连的绳子系下城墙，逃到城南麻风医院附近，后与熊失掉联系，我被解放军俘虏，当夜送到曲阜城。14日早晨，一位解放军干部指着大队俘虏问我，这些人里有没有你们的副军长？我说站在尉官队伍里瘦矮身材的就是十二军副军长熊仁荣，那位干部说他自报的是上尉文书，我说他确是熊仁荣。第三天解放军把我同霍守义、熊仁荣以及上校以上的干部集合在一起，移送到山东益都县郭家庄改造学习。

（1962年12月10日）

兖州外围战回忆

齐　涛*

　　1948年夏，人民解放军经过两年的艰苦奋战，敌我双方发生了巨大变化：敌方战斗力大大削弱，士气低落，军心动摇；我方战斗力大大提高，士气高昂，军心振奋。那时，我华东野战军山东兵团，在许世友、谭震林等首长的领导下，以摧枯拉朽之势，收复了山东广大地区，并占领了胶济铁路，迫使敌人不得不龟缩到津浦路中段及沿海的几个城市中，妄图以所谓"重点防御"进行垂死挣扎。鉴于这种情况，山东兵团为了配合外线兵团的开封、睢杞战役（豫东战役），有

　　*齐涛，山东省沂源县人，1938年加入中国共产党，1939年参军，抗日战争时期任武工队指导员，解放战争时期任营教导员，离休前任枣庄市武装部（今枣庄军分区）副政委。

步骤地迅速消灭山东境内的敌人，于5月移师南下，发起了津浦路中段攻势作战。解放兖州的战斗，就是这次军事行动的主要组成部分。在兖州战役中，我山东兵团鲁中南军区七团二营，为扫清城外敌障，围困城内守敌，进行过难忘的浴血奋战。回想当年，那激烈、悲壮的战斗情景，又一幕幕地展现在眼前。

挥师南下　战前动员

兖州战役前，因军事上的需要，我鲁中南军区部队的番号改为山东兵团新编四十五师，当时亦称"鲁纵"。我们七团的团长是李仁斋，副团长刘沸腾，政委张建庚，政治处主任张新宇。兖州战役期间，我担任该团二营教导员，营长因病暂缺。当时，我营辖四、五、六3个步兵连和1个炮兵连。我们这支队伍，在潍县战役结束后，几乎天天行军，在郭店稍事停留，又到莱芜的陶家芹村驻扎了10多天。在那儿，我们脱了冬装，换上了单衣，一边进行休整，一边帮助老百姓搞春耕。

5月的一天，我们奉命直插泰安。到达目的地后，全体指战员不顾疲劳，以锐不可当之势，一举拿下王母池东的眼光店山头，接着又乘胜占领了西眼光店山头。敌人连遭我军重创，胆战心惊，自知不敌，便于晚10点在夜幕掩护下弃防向界首、党家庄逃窜。我们随即进驻泰城外的遥参亭和岱庙内。第二天，上级通知我到城东的省庄参加会议。那是一次战前动员大会，参加的有十三纵队的团级和鲁中南军

129

区的营级以上干部。会场设在省庄东南一个葱郁的大树林里。会上，军区副司令员钱钧同志讲了当时整个战局及山东的形势，分析了消灭霍守义部的有利条件。作战部部长张荣湘同志部署了各部队在兖州战役中的具体任务，并指出我军围攻兖州是为了配合豫东战役而采取的围城打援、调虎离山之计：如果徐州的敌人出来增援，我们就在途中把他消灭；如果他们作壁上观，我们就变虚为实，消灭霍守义部，拔掉津浦路中段的这个钉子。那时，山东兵团的许世友司令员、谭震林政委也骑马赶到了会场。许司令员中等身材，目光炯炯，精神饱满，显得既庄重又威严。他挥动右臂，以洪亮高亢的声调讲道："现在，中国人民解放战争已处于战略决战的前夜。为了解放全中国，我们要不怕牺牲，英勇作战。对这次兖州战役，我们一定要打胜。打胜了回来开庆功会，牺牲了开追悼会，打败了开撤职处分会。我相信，失败一定属于敌人，胜利是属于我们的！"话虽不多，但意义深刻，给与会人员增添了无穷的力量。会后，我们就进驻省庄一带，从团到班层层进行战前动员。大家纷纷表决心、立誓言，每排都办了"决心栏"，许多战士还咬破手指写下血书："杀敌立功，活捉霍守义！""为了解放全中国，不怕流血牺牲！"等等。那时，许多来部队探亲的家属，也都叮嘱自己的亲人，要英勇杀敌，争取立功。这样一来，士气更加高涨了，大家充满了必胜的信心。

在省庄进行了三四天的政治动员工作后，我们便奉命进军大汶口，接替了泰安独立营等部队的防地，一举打下魏家庄，消灭敌人一个连。当天下午3时，我们夺取了敌人的桥头堡，并以迅雷不及掩耳之势占领了附近的制高点，切断了敌军（吴化文部花竹荫团）的逃路，将花团紧紧包围起来。敌军被围的第三天上午9时，突然向西北方向逃窜。我营奋起直追，全歼花团，俘虏敌团长以下862人。随后部队开往北集坡，接着又顺津浦路南下，到了曲阜的吴村一带。在那儿，我营奉命驻扎了三天，搞了一天的政治动员，一天的军事演习，第三天早饭后便意气风发地向兖州挺进。

鲁西南的6月，天气炎热。战士们身背三天的粮食、枪支弹药、铁锨、洋镐和行李，虽然汗流浃背，却个个精神抖擞。那时每个人的背包上还系着个小木牌，写着"打开兖州府，活捉霍守义"等字样，一边行军，一边学文化。沿途群众箪食壶浆，夹道相迎。有的老大爷、老大娘还拉着战士的手亲切地说："你们要多打胜仗，使全中国的老百姓都过上好日子！"战士们面对人民群众的殷切期望，往往只有一句简短的答话："乡亲们，等着我们胜利的捷报吧！"

进驻旧关　旗开得胜

6月9日晚10时，我二营全体指战员在夜幕掩护下，已神不知鬼不觉地抵达兖州城下，进驻旧关村内。一到驻地，我立即命令连排干部向当地群众了解敌情，观察地形，划分驻防区域。接着，各连排干部战士就在自己防区内筑掩体、挖战壕。同志们不怕天热夜黑，不顾虫叮蚊咬，用铁锨、镐头艰苦作业。大约两三个小时，十几条1.5米深、0.8米宽的战壕，就从旧关村的各个部位弯曲地延伸到村外，把敌人包围起来。

次日清晨，我站到高处用望远镜向兖州瞭望：一座50多米的古塔直插云霄；砖砌城墙高达10米；城外40米处有一条宽约10米的护城河；河东岸我营防地前方有3个敌碉堡，其中一个是高大的集团堡；城墙脚下有一条新挖的环城战壕；护城河两岸还设置着鹿寨、梅花桩、铁丝网等障碍物；旧关以东是一片开阔地。据了解，护城河深3米多，两岸还埋有地雷；城头到城脚有敌军三层火力：上层是贯通墙顶的交通壕连接的地堡与火炮阵地，中间有从墙顶开口挖到墙半腰的洞穴式机关枪巢，城脚有从墙内打开的通道与墙根附近的暗堡和集团碉堡相连。这一切说明敌人做了严密布防，意在负隅顽抗。

当时盘踞兖州的守敌是国民党第十绥靖区司令部（司令李玉堂）及整第十二军（军长霍守义）、保安部队，共2.8万多人。这支队伍的骨干是原东北军的一部分，野战能力虽不强，防守却有一套办法。敌军头目李玉堂、霍守义凭恃着这众多的兵力，凭恃着深沟高垒的阵地，凭恃着这多层绵密的交叉火力网，曾吹嘘兖州城是铁打的。他们还在一个石砌碉堡上，自我吹嘘地刻下了"天下第一碉"的字样。对此，我付之一笑。我深信"魔高一尺道高一丈"，邪恶一定会被正义所战胜。

第二天，敌军不断向我们开炮。团部指示我们，如果敌人胆敢来犯，要稳、准、狠地给以迎头痛击。第三天上午9点多钟，300多敌人手持着机枪、步枪和大刀片，脖子上系着红布条，赤裸着上身，张牙舞爪地向我营扑来，妄图趁我立足未稳，夺回旧关。战士们面对这股猖狂的敌人，蔑视而又风趣地说："蒋介石的运输大队又给我们送军火来了。"我们根据上级指示，凭借旧关西南一带的有利地形，严阵以待。当敌人进入我们的射程后，我一声令下，我们的机枪、步枪便一起向敌人开火了。敌人在我火力的猛烈打击下，纷纷毙命，活着的也不得不装死躺下。好一会儿，敌人见我射击暂缓，一个军官模样的家伙又手提匣子枪催逼趴倒在地上的残兵向我反扑。当敌人向我方靠近了一些时，我大声命令道："狠狠地打！让敌人尝尝我军火力的厉害！"霎时，我们的轻重机枪、步枪又暴风雨般呼啸起来，枪管逐渐由热变红，光机枪就打了1万多发子弹。敌人一个接一个地倒下，敌军官也跟着上了西天。很快敌方就溃不成军了。侥幸活着的，便连滚带爬地向兖州城内逃窜。这时，战士们双目圆睁地望着我，我也知道他们的心情。此刻只要我一声令下，他们就会像猛虎一样冲向败北的敌人。可我没有这样做，因为那会使我军暴露在开阔地上，遭到敌碉堡和城墙上火力的杀伤。上午11时，战斗即将结束时，我团一营的同志也赶来助战，可惜敌人已逃得无影无踪了。

敌人这次试探性的进攻，除百余人受伤外，还在护城河西留下了百多具尸体。战后，团首长表扬我们说："打得好，给敌人一个迎头痛击。大长了我军的锐气，大灭了敌人的威风！"遭此惨败，敌人再也没敢离开他们的乌龟壳。

打这以后，我们用了六七天的时间，对敌人展开了强大的政治攻势。聪明机智的战士们，夜间用牛皮弓把上级发的宣传品射进城里，宣传蒋家王朝即将灭亡，教育敌人不要再打内战，不要再给蒋介石当炮灰，要早日弃暗投明；有时还用喇叭筒喊话，宣传我们"优待俘虏，缴枪不杀，立功受奖"的政策。

战士们还曾用葫芦、秆草等扎成草人，并给它戴上草帽，画上眼、鼻、耳、口，然后写上霍守义、李玉堂的名字，夜间将它们悄悄地放在护城河西岸。惶恐不安的敌人借助照明弹的光亮，或拂晓时依稀地发现人影后，就惊慌失措地鸣枪开炮。当一阵急促的枪炮声过后，敌军官看清打倒的是"李玉堂""霍守义"时，城上便传来对其部下气急败坏的臭骂声。后来战士们在放置草人的时候，还把柳条皮放进口中，用各式各样的声调喊话，或向护城河内抛砖投石，这样每每引起一片鸡鸣狗叫。早就风声鹤唳、草木皆兵的敌人被搞得慌作一团，接着就是一阵枪炮齐鸣。

更有趣的是，战士们还曾在1只公鸡尾巴上系上吸饱煤油的长棉绳，夜间在护城河西岸的隐蔽部位将棉绳点着。鸡见尾后火起，便扑啦啦越河飞向高高的城墙。整日提心吊胆的敌人突见一条"火龙"扑来，一时猜不透是什么新式武器，于是便立刻惊慌失措、人声鼎沸，接着，就是一阵枪声大作。

就这样，我们把敌人搞得整夜不得安宁，从体力上给他们以消耗，从精神上给他们以打击。从敌人那慌乱的表现上，充分看出了他们色厉内荏的本质和必将灭亡的命运。

浴血奋战　摧毁敌堡

对敌人进行了约一周的精神战后，我们就开始了扫清兖州外围的战斗。我营的任务是拔除敌人设在护城河西岸的3个碉堡。战前我们组织了3个突击队、3个爆破组，进行了充分的政治动员和军事演习，并民主讨论了具体打法。敌人的3个碉堡是用三合土构筑的。南北两个较小，中间是1座集团碉堡，有3个突出部位，南北长30余米，高2米多，壁厚1米多，分上、中、下三层火力：上层有垛口，可供步兵射击；中、下层有六〇炮两门，"马克沁"重机枪1挺，轻机枪4挺和其他多种武器。它东面有3条地道，经护城河水皮以下的浮桥与城内连接。它前面是一片开阔地，地势低洼，设有木桩、铁蒺藜等障碍物。碉堡内驻着敌人两个排，由一名副营长坐镇指挥。

6月中旬一天的晚10时，我四连一排的突击队员，在夜幕掩护下，悄悄地靠近了南面的碉堡。排长赵登良一声令下，十几枚手榴弹一起投向敌人的乌龟壳，里边的十几个敌人被炸得晕头转向，东倒西歪。机智勇敢的赵登良带领着突击队员们，抓住战机猛打猛冲，冒着弥漫的硝烟战火，飞也似的冲进敌碉堡。在我火力的猛烈打击下，敌人死伤过半，活着的全部做了俘虏。就这样，我们胜利了，第一个碉堡被拿下来了。

第二天晚上，我们决定乘胜攻打那座集团碉堡，在这场攻坚战中，我们经过多次拼搏，敌碉堡几经易手，才好不容易取得了胜利。

那天晚上，我遇到了一个棘手的问题，就是两个排长都争着要去执行这项任务，双方相持不下，谁也不肯让谁。一向打仗勇猛、不怕牺牲的赵登良，是个个性倔强的小伙子。他眼巴巴地看着我说："教导员，我们一排有打头一个碉堡的经验，这个任务还是让我们去完成吧！"英俊魁梧、一向稳重的二排长姚常伦，这次却冲着我焦急地说："教导员，今晚应叫一排的同志休息，你就让我们二排去啃这块硬骨头吧！"经过斟酌，我还是把这项任务交给了四连一排的赵登良。

晚上10点多钟，赵登良带领突击队员们开始了行动。他们仍采取了昨晚的打法，一排手榴弹过后，在机枪的掩护下爆破组迅速逼近了碉堡，将爆破筒麻利地插进了敌人的射击孔里。可是，当爆破队员撤离后，狡猾的敌人竟将它又推了出来，随即一声巨响，敌碉堡只伤了点皮毛，并没受到伤筋动骨的破坏。见此情景，突击队员们又是一排手榴弹，接着是爆破和密集的枪弹射击。如此反复多次，经过四五个小时的连续奋战，激烈厮杀，这个碉堡终于被拿下来了。我方缴收六〇炮两门，俘虏敌人15人，击毙多人。残敌狼狈逃入城内。富有战斗经验的赵登良突击队在夺取了这个碉堡后，又马上撤离到它的附近，免遭敌人炮击。天快亮时，敌人将一颗照明弹射向天空，接着是密集的炮弹落在了碉堡附近。一股敌人在炮火掩护下，通过地道又重占了碉堡。他们凭借着有利地形，疯狂地向我方反扑。我们的突击队英勇地进行着还击。但由于我方地形低洼，不便发挥火力，排长赵登良的腮部不幸中弹，几颗牙齿被打掉，嘴唇也流出了鲜血。当他在前沿阵地指挥所包扎好伤口时，一边紧着腰带，一边豪迈地对我说："教导员，我一定组织火力把碉堡再夺回来，完不成任务誓不下火线！"面对当时的激战场面，我情不自禁地说："好！你这种精神很好！"话音未落，他已跑步冲向战场了。战斗更加激烈了，枪声、炮声、手榴弹的爆炸声交织在一起，像狂风大作，像电闪雷鸣，一片硝烟弥漫……

天大亮了，我急切地盼望着战斗的消息。敌人凭着高大坚厚的碉堡和城墙上三层火力的支援，竟侥幸占了上风。万分不幸的是，赵登良同志英勇牺牲了！这个10多岁就在博山煤矿当苦力的穷孩子，日寇投降后参军，曾多次出色地完成战斗任务。我至今清楚地记得：他是博山区小禹王乡小禹口人，平时机智灵活，一向作战勇敢，不怕牺牲，遇事果断，接受任务从不打折扣，年仅23岁就为革命献出了宝贵生命。为此，我这个很少落泪的老兵，当时也不由得泪湿衣襟，心情久久不能平静。

血债是要用血来还的，悲痛给我们带来了更大的力量。那天，我们做了严肃认真的总结动员和新的战斗部署。晚上11点多钟，姚常伦同志带领四连二排突击队，怀着为战友复仇的决心，又勇敢地冲上去了。遭到我军重创的敌人在碉堡内又增加了兵力，增添了武器，增设了岗哨，时刻担心着被我军消灭的命运。姚排长带领突击队悄悄地靠近了敌碉堡，当投掷出第一排手榴弹时，敌人也发现了他们，并利用碉堡的中、下层火力拼命进行顽抗。正当姚排长率领战友向敌方英勇进击的时候，一颗罪恶的子弹打中了他的头部。他含恨倒在了冲锋陷阵的途中。把自己的热血洒在了战友们前进的道路上。他那年才22岁，籍贯是章丘县曹范区姚家庄。噩耗传来，大家非常悲痛。我深知，革命总是要付出代价的。当时我立即派副连长霍福祥同志前去组织战斗，决不给敌人以喘息时机。在他的带领下，突击队员们同仇敌忾，将一排排的手榴弹更猛烈地投向敌人，将密集的枪弹射向敌人。敌人在我军沉重打击下，伤亡惨重。经过三个多小时的激战，这个集团碉堡终于又被我们拿下来了。但碉堡高大坚固，东敞西闭，按照军事常识，突击队只好在它的附近据守。同志们看着这个庞然大物，多么想立即把它摧毁以免后患啊！可当时没有那么多炸药，他们只好严阵以待。拂晓时，敌人又通过地道和水皮下面的浮桥，偷偷地爬进了碉堡，凭借着有利地形和城墙上的火力支援，向二排突击队进行疯狂的反扑，并使用了罪恶的火焰喷射器。我们的战士隐蔽在低洼处的简易工事里，用手榴弹、机枪和步枪给敌人以英勇的还击。当时，我将这种情况向团部做了汇报。为减少伤亡，团首长指示："要立即撤离阵地，待命再战！"

白天，我们认真地总结了经验教训，进行了再战的充分准备。前线指挥所还给我们派来了一个炮兵连，带着两门钢炮前来援助。团首长和我们一起研究了作战方案，决定让五连一排完成这个任务，并在当天任命苗松岭同志为该排排长。苗松岭是张店区胡田庄人，参加革命队伍后，与同志们团结很好，遇事机智灵活。他受领了这项战斗任务后，当时曾紧握拳头激动地宣誓："教导员，我一定完成任务，为同志们报仇！完不成任务，我决不回来见您！您就等着胜利的消息吧！"

夜幕降临后，一片漆黑寂静。敌人见我军两次受挫，估计在短期内不可能再向他们进攻了。岂知就在这夜凌晨三点，敌人正在酣睡的时候，苗排长已带领突击队悄悄地避开敌碉堡的正面，从侧面迂回到了它的近处，顺利地将爆破筒插了进去。当爆破成功后，苗排长和战友们又用手榴弹、机枪、步枪组成了暴风雨般的火力，给敌人以毁灭性的杀伤。不多时，敌人陈尸满地，少数幸免者全部当了俘虏。紧接着，苗排长他们把三包各百斤重的炸药放进了碉堡里，引爆后，一声巨响，内部全部炸毁，而三合土的碉堡还顽固地站立着。于是，他们又用两包炸药把碉堡壁炸塌。至此，敌人惨淡经营的这座核心工事，就只剩下一些残垣断壁了。

两天后，我们决定拔除北面的最后一个碉堡。五连三排受领了这项任务后，人人摩拳擦掌，士气高昂。入夜，他们勇敢敏捷地冲进敌碉堡，但却不见敌人的踪影。我们将这种情况向团部报告后，决定派一个班前去防守。不料战友们刚进入碉堡，就传来"轰！轰！"的巨响，原来敌人把预先埋好的地雷引爆了，我们的十二三个同志牺牲了。第二天晚上，六连二排的同志怀着悲愤的心情把烈士的遗体运了下来。随后，由五连的一个爆破组把这个碉堡炸了个稀巴烂。

经过六七天的激烈战斗，我们把敌人的三个碉堡全拿下了。接着，我们就在护城河至旧关的开阔地上构筑了十五六个碉堡，用来掩护我军监视敌人的动向。

敌人是不甘心失败和灭亡的。就在我们炸毁了那座集团碉堡的第三天，夜间风雨大作，我们没想到，敌人竟趁这样的天气，用木板、钢轨和原来碉堡的残垣断壁又修筑了一个大乌龟壳。天明，我军发现后，团部指示我营要迅速把它摧毁。我们从四、五两连选拔了20多名优秀骨干，组成了一个突击队。入夜，突击队与敌人经过一场激战，又一举拿下了这个碉堡，并用大量炸药把它炸了个土崩瓦解。同时，我们这次还发现了敌人设置在水皮下面的木桥，也顺手把它摧毁了。至此，敌人设在护城河西岸至旧关的工事，就全被我营摧毁廓清了。

事后，被俘的敌人对我们说："你们连续夜战，使我们不得喘息；战斗中猛打猛冲，使我们连上机枪梭子的时间都没有；并且个个英勇顽强，不怕死伤，真是了不起啊！"这充分说明，我们在扫清兖州外围的战斗中，打出了军威，使敌人不得不佩服，不得不丧胆。此后，敌军就一直龟缩在城内，再也没敢出来。

布防城下　围困守敌

扫清了敌人设在城外的工事后，我们就积极在城外布防，严阵以待，一发现敌人就猛烈开火，致使敌人不敢在城墙上走动或贸然探头张望，把他们像瓮中鳖一样死死地围困在城内。

一天拂晓战士换岗时，在护城河西岸老远的一棵树下，发现一个50多岁的国民党士兵，浑身泥水。他被带到营部，交代说："在城内国民党部队里做炊事员。那里的食品越来越短缺，人们整日提心吊胆。官兵之间矛盾重重，赌博成风。前几天我的月薪刚发下来就被连排长赢了个精光。当官的还常常气急败坏地毒打士兵。现在许多人都不愿意再给他们卖命了。你们一旦攻城，十二军保准失败。我想，与其那时被俘或击毙，还不如早来投诚。我知道你们有优待俘虏的政策，所以就利用夜间送饭的机会，避开岗哨，偷偷地从地道里爬了出来。"当时，他还给我鞠了一躬，说："请求长官恩典！"事后，我叫人把他送交给了团部。

后来，各连的文艺宣传组把这个炊事兵弃暗投明和他反映的情况作为题材，编成了快板、数来宝、活报剧等节目进行演唱，用来活跃部队生活。我记得，当时有个叫宋士美的同志唱得一口好皮簧。他自饰诸葛亮，和几个配角一起，在营部驻扎的桃园里，还曾演唱过《借东风》《空城计》等剧目呢。

在与敌人对峙的日子里，几乎天天下雨。我们的碉堡和战壕里积了尺多深的水，许多战士下身都泡得发了白。当时因天气炎热，虽然伙食搞得很好，但大多数人却食欲不佳。面对困难，战士们却安之若素，仍然斗志昂扬，充满革命的英雄主义和乐观主义精神。他们还利用休息时间，学习文化。有的战士还在夜间到坑边、河边捕捉青蛙，让炊事班做成美味佳肴。当时我对他们这种轻敌麻痹的做法曾提出过批评。

我营六连五班还发生过这样一件事：战士白金水，身材较为瘦弱，平时也没有什么突出表现。一天换防回来，突然不见了。大家疑惑不解，甚至产生了许多猜测。当天下午两点多钟，他押着一名俘虏来到了营部。战友们围着他询问事情的经过。原来他换防后，向当地群众借了一套衣服、一把镰刀和一个粪箕子，腰间别了两颗手榴弹，化装成割草的老百姓，就不声不响地到了城外的一个集头上，看到一个敌军官模样的家伙正在酒铺里闷闷不乐地喝酒，桌上还放着支匣枪。他就悄悄地靠了上去，冷不防一手抓起匣枪，一手掏出手榴弹，厉声喝道："我是解放军侦察员。我们优待俘虏。不老实我就马上解决你！"就这样，他没费一枪一弹就活捉了一名敌军官。听后，同志们都高兴地跷起拇指啧啧称赞说："真不含糊！好一个孤胆英雄，一鸣惊人！"

经过盘问，这俘虏是个上尉副官，叫田玉理，哈尔滨人，在十二军里还是个"三番子"的小头目，行辈"廿二"。那天他见了我，就毕恭毕敬地来了个90度的大鞠躬，交代说："上级叫我出城刺探情报。我知道兖州的解放只在旦夕，十二军一定要失败。我不愿意再给蒋介石卖命、当炮灰了。我知道你们是优待俘虏的，我愿意投诚，以便能活着回到我阔别了18年的家乡，与亲人团聚！"随后他被送交到团部，给我们提供了许多军事情报。后来，上级领导根据他立功赎罪的表现，按照优待俘虏的政策，发给了路费，就让他回家了。

事后不久，团部对白金水同志进行了"记功嘉奖"，并提升他到特务连当了排长。

敌人被我军围困在城内，整日似惊弓之鸟，似待毙之囚，惶惶不安，惊恐万状。蒋介石为了给李玉堂、霍守义打气壮胆，每天两次派飞机来轰炸。其规律是：上午10点钟左右一次，下午两三点钟一次，每次三四架；来后先在兖州城上空盘旋一阵，接着就到城郊进行狂轰滥炸。我记得，旧关村南就落过三颗800磅的炸弹，巨响过后，平地竟被炸出水来，弹坑足有三四米深。

敌机还不断地给城内守敌空运食品，因怕我军枪打炮击，不敢低飞，因此不少降落伞常常落在我方阵地上。我们在旧关就拾到过许多罐头、香烟、大米、板鸭、火腿、竹笋和热乎乎的白馒头。战士们曾不止一次地指着远去的飞机诙谐地说："蒋介石这运输大队长真不赖，按说应该记功！"有一次，我们还拣到两麻袋海参，内有纸条写着是送给霍守义的。战士们第一次见到这些黑乎乎的玩意儿，都说好像是些黑豆虫。后来，我们把它上交了。而那一个个的大降落伞，却使我们受益不少。在那炎热的盛夏，我们把它支撑起来，在里面开会、学习、乘凉，甚感方便、惬意。

城内的敌人，为向南京方面邀功请赏，天天都要往外打炮，而每天的黎明和上午九点多钟，是敌人放炮最为猛烈、密集的时候。

6月中旬一天的上午10点多钟，我正在前沿阵地指挥所里与团部的肖参谋、吴干事、高干事研究有关作战问题，突然一枚重型炮弹飞来，"轰！"的一声，指挥所炸塌了。肖参谋受重伤，通信员当场牺牲，我也昏厥过去。醒来时，我已躺在七里铺的一个场园里，身上盖着许多麦秸，觉得浑身发烫，两耳什么也听不见。我挣扎着从麦秸堆里站了起来，发现浑身是血垢，头的左半部和左腿上部都受了伤，当时还在不停地流血。这时我才清楚地意识到：原来我受伤后，因流血过多，已昏迷好长时间了。我找水洗了洗脸上的血垢，就匆匆地向团部走去。团首长见了我吃惊而又高兴地说："老齐，我们已经给你填好了阵亡登记表，没想到你这个'烈士'又活过来了！"卫生人员给我包扎好伤口后，团首长关切地说："老齐，你安心地休息吧！我们已派三营副教导员王其挺同志前去接替你的职务了。"我当时焦急地说："不，那儿的情况我熟悉，还是让我去吧！"经过再三要求，团首长见我态度十分坚决，才派通信班用马把我送回营部。直到1950年8月，我头上的那个弹片才被取出来，消除了隐患。

当时，在前沿阵地上，我营有许多伤员，甚至是重伤员，都曾一再向领导请求说："首长，我的腿虽然断了，但仍然可以掷手榴弹、打枪，消灭敌人。我坚决要求不下火线！"在血肉横飞的战场上，那简短而诚挚的话，确曾使我激动不已。我为有这样意志刚强的战友而欣慰，我为有这样品格高尚的战友而自豪，我为有这样气概恢宏的战友而骄傲。我之所以能够受伤不下火线，与这些英雄行为的感染是分不开的。说心里话，我也确实不愿意离开他们。

6月下旬的一天，我们奉命撤到了旧关以西十五六里的农村，目的是为了配合我外战兵团的睢杞战役,以牵制敌人。这样一来,真把敌国防部部长陈诚装进了闷葫芦,对我军的行动不能不做种种猜测。李玉堂、霍守义便趁机向南京方面表功说:"共军已被击退!"陈诚只好把北来增援的黄伯韬兵团从滕县以南拉回徐州,又从徐州派往豫东。当陈诚举棋不定,黄兵团在鲁、豫两省乱窜,疲惫不堪的时候,开封、睢杞已被我军攻占了。

两三天后,我营又回到了原防地。这时兖州已真成了一座孤城,至于我们想何时拿下它,已是稳操胜券了。那时,有些战士对陈诚的战略战术有过这样的评价:"陈诚用兵——鸡飞蛋打一场空!"

军民一家 鱼水情深

我们在兖州与敌人战斗的日日夜夜里,得到了当地政府和群众的有力支持。我营进驻旧关不久,地方上就有五六个同志冒着危险前去慰问。他们表示:为了保证战争的胜利,砸锅卖铁也要支援前线,决不让部队受难为!后来支前指挥部的同志隔几天就去一次。他们多次把猪肉、羊肉、食油、南瓜、土豆、葱、蒜等送到我营各连炊事班,还及时为我们送过烧柴、马料、蓑衣、门板等物资。每次他们都像亲人一样向我们问长问短,鼓励我们英勇杀敌。有一次,一位支前的妇联干部看到战士们的鞋子破旧了,不久,她就领着人用木轮小车给我们送去了三四车布底鞋。这些鞋是群众千针万线日夜赶做出来的,它凝聚着人民群众的深情厚谊。战士们穿上新鞋后,顿时增添了无穷的力量。此外，我营还有100多名从莱芜跟来的常备民夫，为我们运给养、送子弹、抬伤号，保证了部队各项后勤工作的顺利进行。

当时，我们部队的同志最爱唱《军民一家人》《三大纪律八项注意》等歌曲。因为我们深知部队离不开老百姓，就像鱼儿离不开水一样。

我营进驻旧关后，就劝当地老百姓迅速转移，以免伤亡。有些人家转移时不便把饲养的畜禽带走。鉴于这种情况，我营各连排就按照驻防区域，主动把老百姓的畜禽等财物看管好，尽量使他们在战争中少受损失。

那时我们规定，干部、战士牺牲后，一律不占用棺材。对此，地方上的同志很有意见地说："你们为人民拼命流血，牺牲了不用棺材装殓，我们不过意、不忍心啊！"为这事，我们向他们进行了耐心地说服、解释。为了减少人民的负担，全体指战员坚决表示：战场上不怕牺牲，牺牲了不占棺材！兖州的一片热土啊，曾掩埋了我们许多英雄的身躯，也留下了他们拥政爱民的深情厚谊！

那时，我营根据当地政府的要求，经上级同意，曾把一部分战利品送给了地方上的同志。我记得有20支步枪、1挺机枪，还有5箱子弹。

他们拿到这些东西后，高兴地说："有了这些家伙，就不怕土顽和恶霸地主不老实了。"

那时，我们与旧关北头一位看守桃园的老大爷关系搞得很好，至今仍给我留有深刻的印象。当时营部在旧关村内只驻了三四天，就转移到了桃园里。在那儿，我们对老大爷的桃子一个不吃，一个不拿。看到他的一个小孙女常由外村来给他送饭，从安全方面考虑，就主动把老大爷的伙食包了下来。对此，老大爷十分感激地说："你们真是咱老百姓的队伍啊。过去，那些五路军、十二拿（指十二军）每年都来桃园，又吃又抢，把桃园糟蹋得不像样子，稍不如意还打人骂人……"不久，当我们完成任务要走时，老大爷摘了五六筐又大又好的桃子执意送给我们。我们婉言谢绝了他的盛情厚意。当我们就要登程的时候，老大爷眼含热泪来送行，依依不舍地把我们送了老远老远。临别时，他拉着我的手说："你们都是些好人啊，不知什么时候才能再见面！"我当时也紧紧握着他那双长满老茧的手说："后会有期。等全国解放后，我们一定来看望你老人家！"

凯旋班师　省庄庆功

7月8日下午，十三纵的王团长带领部分营连干部前来接替我营的防地，我向他们详细介绍了敌我双方的有关情况。当他得悉我营在这次兖州外围战中，为拔除敌人碉堡，打退敌人反扑，不幸有150余人受伤，62名同志英勇牺牲时，曾感慨地说："你们为兖州的解放付出了很高的代价，为我们攻克兖州城创造了有利条件……"

当天黄昏，我们做完善后和交接工作，就按照上级指示进行了转移。在北集坡伍了一宿，第二天就到了泰安城东的省庄。在北去的路上，沿途各村的群众对我们夹道欢迎，鸣放铁炮向我们庆贺。泰安县县长还亲自到城外迎接我们，并亲手给我营每个同志戴上一朵大红花。

在省庄我们看到了前线指挥部印发的《前卫捷报》，登载着我营的战斗事迹。文中称赞我们："浴血奋战二十八天，完成了扫除兖州外围之敌的任务，为兄弟部队创造了攻城的良好条件，奠定了胜利的基础……"在那里，全团还为我营召开了庆功大会，团部对我营36名同志进行了记功嘉奖。政委张建庚同志在大会上表扬我们说："你们二营打得很勇敢，圆满地完成了上级交给的任务，为后续部队铺平了胜利的道路，你们虽然伤亡较重，但这种牺牲是很有价值的，是很光荣的。党和人民是不会忘记你们的。"紧接着，在7月13日，我们便听到了兖州解放的喜讯。大家欢欣鼓舞，奔走相告，沉浸在胜利的喜悦之中。有的战士激动得热泪盈眶，兴奋地说："我们的血汗没有白流，兖州的解放是有我们一份功劳的。"14日，我营就接收了从兖州战役中下来的300多名解放兵。随后，部队进行了补充和休整。接着，我们又厉兵秣马，挥师北上，以所向披靡的英雄气概参加了"打开济南府，活捉王耀武"的战斗。

回忆兖州战役

钱　钧　口述

申登麟　撰文

　　1948年夏，山东兵团在周村、张店、潍县战役胜利结束后，根据中央军委关于"华东野战军在组织西线兵团发起豫东战役的同时，山东兵团出击津浦路中段，逐步消灭泰安至临城各点守敌，进逼徐州，打通与鲁西南的联系，配合西线兵团作战，孤立济南，创造攻克济南的条件"的指示，于5月下旬挥师南下，发起了津浦路中段攻势作战。

　　5月29日，我鲁中部队奉命围攻泰安。当时，泰安守敌整第八十四师之一五五旅察觉我军意图后，即仓皇放弃泰安，星夜北逃济南。我们抓住战机，迅速向泰安南、北两面扩展。在大汶口以南魏家庄一带，我鲁中部队切断敌整八十四师两个团的退路，并将其全歼。

随即，我鲁中部队奉命沿津浦路南下，于6月上旬抵达兖州城下，进驻预定地点。当时，鲁中部队参加兖州战役的有一、二、四、七共4个团的兵力。一团驻城北房家庄一带，团长方明盛，政委桑子贞；二团驻城北安丘府一带，团长张少安；四团驻城北周家村、高家庙一带，团长王奎权，政委董涛；七团驻城西北七里铺、牛王、旧关一带，团长李仁斋，政委张建庚。当时的鲁中部队亦称"鲁纵"，我任该部司令员，孔繁彬同志任政治部主任，该军指挥部驻城北白家楼。与此同时，我七纵也从东、南、西南方面进逼兖州，很快构成了对兖州守敌的包围态势。

我们进驻兖州城郊后，就指令各团抓紧了解敌情，观察地形。当时，盘踞兖州的守敌是国民党第十绥靖区司令部（司令李玉堂）、第十二军（军长霍守义）及保安部队，共计11个团，2.8万余人。这支队伍的骨干是原东北军的一部分，野战能力虽不强，防守却有一套本领。他们采取集中主力固守城垣要点，以保安部队及少数主力防守城外据点的办法。敌人的防御阵地是由外围防御地带与基本防御地带两部分组成。兖州是座古老的府城，砖砌的城墙高达10米、厚5至6米，守敌在日伪原有工事的基础上，又增设了新的防御设施，从城头到城脚有三层火力阵地：上层是由贯通墙顶的交通壕连接的碉堡和火炮阵地；中间一层是由墙顶开口挖到城墙半腰的洞穴式机关枪巢；城脚一层是由墙内挖掘的通道与墙根附近的暗堡和集团碉堡相连的阵地。他们还以四个城关为依托，构筑了独立子母堡，作为城外围敌人的支撑点。城墙外有一条宽约10米、深4米（水深1至2米）的护城河。另外，城墙脚下又新挖了一条宽8米多的环城战壕。护城河内布满了铁蒺藜，河与壕之间布设了鹿寨、铁丝网、电网、地雷等障碍物，纵深约40米。在城东、北两面的铁道上，敌人的铁甲车日夜巡逻。这样，兖州被守敌搞成了一个具有高耸的城墙、复杂的附防、立体的火网与支撑点相结合的坚固防御体系。

鉴于上述情况，为便于隐蔽地展开兵力，扫除兖州城北半部的外围敌障，我鲁中部队各团根据上级指示，迅速展开了艰苦的坑道作业。当时正值暑天雨季，同志们不顾汗流浃背、蚊叮虫咬，冒着敌军的枪打炮击，不怕危险牺牲，奋力进行挖掘。有的连队利用深夜敌人不甚注意的时候，展开散兵队形，在接近敌据点的近处，采用"先点后线、先前再后"的方法，即先挖单兵掩体，然后再由前往后、由浅入深地挖掘。由于他们苦干巧干，时间不长，许多条1.5米深、0.8米宽的战壕就出现在敌据点的附近。

此后，我鲁中部队与七纵对兖州守敌示以强攻态势。那时，鲁中部队里有许多同志出身矿工，对使用炸药很熟悉。他们在用炸药包摧毁敌据点方面，干得非常出色。6月24日，我四团三营攻克城东北琉璃厂村。在此前后，敌军设在城北及旧关一带的外围据点，也大都被我部攻占。与此同时，七纵也对城东、南及西关一带的外围守敌进行了沉重打击。

敌军在我猛烈进攻下，死伤惨重，致使李玉堂、霍守义焦虑不安，对其兵力布防又煞费苦心地进行了重新调整：让原预备队三三一团担任城西、南及城墙外独立据点的守备；三三二团担任东城及北门的守备；三三三团主力担任南门附近的守备；三三四团置于城内西半部；保三旅的八、九团及泗水、曲阜的保安部队守备东关；令军部特务营、骑兵连在西门里构造第二道防线，以备西关被我军突破后，继续顽抗。此时，李玉堂、霍守义还多次急切地向徐州、南京方面呼救增援，企图速解兖州之围。

6月22日，我华野外线兵团攻克开封。徐州之敌遂决心调整编二十五师、八十三师和第三快速纵队，沿津浦线车运援兖。这时，我第九、十三纵队奉命除三十八师留在泰安地区监视济南之敌外，大部南下迎击徐州援兖之敌。但因敌军进展迅速，九纵、十三纵未及进入打援指定位置，6月26日敌二十五师已到达滕县。山东兵团乃调用攻城部队南下打援。敌人由此发觉了我围城打援的意图。同时，由于我外线兵团于6月29日发起了睢杞战役，区寿年兵团频频告急。因此，徐州北援兖州之敌又改援豫东。此时，我南下打援未成，北面的济南之敌仍迟迟未动。我已无援可打，而兖州守敌更加孤立。

由于出现这种情况，山东兵团决定再度包围兖州。7月1日我鲁中部队又奉命进驻原防地，并对守敌趁我松围之时重占、新设的据点予以猛烈攻击。7月4日，我鲁中四团二营攻克豆腐店，全歼守敌一个连；5日，我七团攻克旧关，后因敌人组织反击，曾一度被敌重占。7日，我又重克旧关。同日，七纵六十一团经过三天激战，全克西关。至此，城外敌障被我军几乎全部廓清。

7月6日，山东兵团决定以七纵、十三纵、鲁中部队及兵团司令部直属的炮兵团坚决迅速夺取兖州，全歼守敌，以九纵担任打援和机动。当时，我军采取了四面包围、一面攻击的策略，突破口选定在老西门附近。

7月8日，根据兵团"攻兖打援部署命令"，我部给所属部队下达了"攻城和堵歼突围之敌的部署命令"。当时，兵团命令："鲁中部队并指挥三十九师集结于兖州城东及以北地区，担任对东关之敌之攻击。选一点协助攻城，以一部攻占北关，并由北向南佯攻兖州，另以一部集结兖城东南地区，担任堵歼兖城可能向东南突围之敌；另派出一个团，进入泰安以东地区活动，监视由济南援敌之动态。"当时我部的具体部署是：二团担任夺取北关及佯攻任务；四团担任攻打东大营及东关的任务；十三纵三十九师担任堵歼兖城向东南突围之敌；七团调至泰安省庄一带，监视济南援敌动态。

7月11日，我军完成了攻城的各项准备。12日17时30分总攻开始，20时30分七纵六〇团在老西门南边首先登城，21时十三纵突击队也在老西门附近登上城墙，22时我登城部队全部打通联系，23时登城部队打垮敌人的反击，我后续部队陆续涌进城里，随即进入巷战。与此同时，我部二团在北关与敌人展开激战，协助主攻部队攻城；我部四团对东大营展开猛烈进攻，于当日23时攻入东大营，与敌短兵相接，进行激战，后为牵制敌人，遂呈对峙局面。

13日11时，兖城西半部被我军控制。13时，城内守敌被迫向老东门一带收缩。16时，守敌从老东门和新东门分两路向东南突围，被我预伏的三十九师及乘胜追击的攻城部队在城郊围歼。17时，霍守义在泗河南岸向我军缴械投降；在此之前，绥区司令李玉堂化装潜逃。至此，兖州战役遂告结束。

这次战役，我们歼敌2.8万余人，拔除了敌人在津浦路中段的战略要点，控制了徐（州）济（南）铁路700余里，完全孤立了济南之敌，打通了山东腹地与鲁西南的联系，解除了我东、西两大兵团被分割的状态。另外，还在兖州及其周围地区歼灭土杂反动武装2万余人，从而狠狠打击了反动势力的气焰，提高了人民群众参加土改的积极性。

7月15日，九纵还在大汶口以南将敌整编八十四师、整编第二师未及逃脱的一部予以堵截围歼。此役毙俘敌人7584人，缴获野炮7门、山炮8门、满载弹药的汽车100余辆及其他战利品。

兖州战役的重大胜利，是与当地政府和人民的大力支援分不开的。当时，兖州附近的各县人民全力以赴，踊跃支前。他们提出了"一切为了前线，一切服从前线""前方要人有人，要粮有粮，要物有物"的行动口号。各县建立了支前指挥部，区建立了支前站，村建立了生产支前委员会。他们不顾暑天雨季、道路泥泞，不怕当地反动势力的威胁和敌机的轰炸，宁愿自己吃糠咽菜、受苦受累，也要千方百计保证圆满完成支前任务。各县组织随军民工1.3万余人。仅以滋阳（今兖州）县为例：全县有580人参军，组织民夫13285人；支援部队军粮140万余斤，马料104万余斤，马草72万余斤，军鞋22379双，木料23199根，门板26677块；出动大车1201辆，小车4772辆，担架1528副，牛630头，驴218头，骡、马各40匹。为确保战争的胜利，人民群众还日夜奋战，收集砖石，为部队修桥垫路；冒着危险帮部队挖战壕、修工事，往前线送弹药、送粮秣，及时转送伤病员。人民群众为兖州战役做出了巨大贡献。因此，兖州战役的胜利是军民共同奋战的结果。

注：钱钧同志原名钱运彬，生于1905年，河南省光山县人。1927年加入中国共产党，曾参与领导本地农民起义。土地革命战争时期，任豫鄂皖边特区手枪队队长，中国工农红军第一军一师三团连政治指导员、连长，红四方面军第十师二十八团副营长、营长、营政治委员，红四军警卫团政治委员，第三十三团团长，第十一师参谋长。参加了长征。抗日战争时期，任八路军山东纵队第四支队团长、第十二支队副司令员、沂山支队司令员、鲁中军区第三军分区司令员兼警备第三旅旅长。解放战争时期，任山东军区第九师师长、鲁中军区副司令员、鲁中南军区司令员、胶东军区副司令员。中华人民共和国成立后，任浙江省军区副司令员、司令员，南京军区副司令员。1955年被授予中将军衔。是中国人民政治协商会议第五届全国委员会委员，中国共产党第十次全国代表大会代表。

琉璃厂攻坚战

王　荣

　　1948年夏，华东野战军西线兵团遵照中央军委的指示，发起了攻开封、打睢（县）杞（县）的豫东战役。华东野战军东线兵团（亦称山东兵团）为配合豫东战役，发起了津浦路中段攻势作战，用两个纵队包围了兖州，并展开了强攻姿势，以期吸引徐州之敌前来增援，达到我军"围点打援"的目的。

　　当时，我在鲁中军区四团三营担任政治教导员。我营奉命按时到达兖州后，开始驻扎在兖州城东北郊的陈家村，并受领了攻打琉璃厂敌据点的任务。

　　琉璃厂村在陈家村以南三华里处。敌军在该村东北角构筑了一个东西、南北各八九十米长的土围子。它地势险要：东边有泗河做屏障，西边靠近兖州城和津浦铁路，南边有驻扎敌军的东大营。敌人在围墙外挖掘了壕沟，壕沟外设置了鹿寨，鹿寨外布满了地雷。该据点内驻有蒋军一个加强连（即一个步兵连附加一个重机枪排），共160余人，直接处于东城和北城敌人火力的掩护之下，能随时得到城内兵力的支援，因此易守难攻。

我营驻进陈家村后，就利用晚上察看了地形，了解了有关的敌情。随后，我营的七连、八连利用夜间展开散兵队形，在尽量接近敌据点的地方，采用"由前往后、先点后线"的方法，挖掘了交通壕，构筑了必要的战斗工事。七连的工事沿泗河堤展开，并抓住有利时机，在距敌前沿阵地50米处修筑了地堡；八连在七连的右翼也构筑了一系列工事。其攻击的矛头均指向琉璃厂，直接威胁着兖州的敌人。

敌人视我七连、八连为心腹之患。兖州守敌以琉璃厂为依托，在北城和东城火力的掩护下，多次派出兵力进行反扑，妄图将我七连、八连驱逐出去，但均被我方击退。有一次，敌军从东大营出动了一个营的兵力，趁我三营部队吃午饭的时候，在东城、北城和琉璃厂的猛烈炮火掩护下，连续多次向我八连阵地进行疯狂的反扑。当时八连处境十分不利，但他们发扬了勇敢战斗、不怕牺牲的精神，决心"人在阵地在，誓与阵地共存亡"。八连的同志经过激烈战斗，以伤正副班长等7人的代价，终于粉碎了敌人的进攻，巩固了阵地，为我营攻占琉璃厂创造了条件。

根据上级指示，我围城部队对兖州守敌示以强攻态势，团部也向我营下达了伺机攻占琉璃厂的命令。我营经勘察研究，将主攻方向选在敌据点的东北角。当时的兵力部署是：七连为主攻连，八连佯攻敌据点的西北角炮楼，营机炮连分别配属给七连和八连，九连为预备队。另外，团部还将山炮营配属给我营，并给我们补充了充足的弹药和必需的器材。战前，各参战单位根据自己的战斗任务，进行了充分讨论，做好了各种准备。炮兵根据炮火射击的要求，在距敌东北角炮楼200米处构筑了炮阵地，并做好了试测和瞄准；重机枪手选好了压制敌火力点的最佳位置；七连和八连反复察看了进攻敌据点的路线，经过仔细研究，制定了切实可行的战斗方案。

6月24日黄昏前，我营下达了攻占琉璃厂的战斗命令。随即，炮兵集中所有参战山炮，对准敌据点东北角的炮楼进行猛烈射击，顷刻间敌炮楼便淹没在硝烟尘雾中；重机枪手对准敌人的火力点猛烈开火，使它变成"哑巴"；然后七连和八连同时发起进攻，他们先以手榴弹排雷开路，继而炸开鹿寨，越过敌据点外的壕沟。七连首先进入敌据点，登上敌炮楼，歼灭了炮楼内的敌人。紧接着，八连也突进去了，占据了敌人的另一个炮楼。尔后，七连和八连不失时机地迅速向纵深发展，勇猛地与据点内的残敌展开激战。与此同时，炮兵将炮火继续向前延伸，以压制和阻止残敌向城里逃窜。在步兵、炮兵的共同协作下，经过70多分钟的战斗，我营就胜利地攻占了琉璃厂，圆满地完成了上级交给的任务。

这次战斗，我们打得非常漂亮，在兖州战役中首创攻坚战歼敌一个加强连的辉煌战例，并且伤亡人员很少，以小的代价换取了较大的胜利，缴获了许多战利品。当时，我营有随军担架120副，凯旋时有80多副抬运的是缴获的枪支弹药和饼干。

战后，七连一排被上级授予"捷足先登排"的光荣称号，山炮营也受到了表彰。这一胜利进一步振奋了我军的精神，鼓舞了士气，配合和支援了豫东战役，为攻克兖州做出了积极贡献。

　　注：王荣同志系山东省荣成县人，生于1917年10月；1936年12月在威海育华中学读书时，因参加抗日活动被学校开除；1938年4月参加八路军，在我军历任连指导员、组织干事、政治教导员、团政治处主任、团政委、师政治部副主任等职，参加过南麻、临朐、淄博、潍坊、兖州、济南、淮海、渡江等战役。1966年由部队转业到安徽省重工业厅工作；1974年调冶金工业部马鞍山矿山研究院担任党委书记；1983年离休。

豆腐店攻克记

——兖州战役外围战片断之二

褚宝兴　口述

申登麟　整理

　　我们鲁纵四团继昌潍大捷后，于1948年夏又参加了著名的兖州战役。

　　当时，我们团的团长是王奎权，政委董涛，参谋长石玉龙。那时我担任该团二营营长，教导员王波因伤住院，副营长张胜鲁，副教导员翟作升。我营辖四、五、六三个步兵连和一个机炮连；四连连长张维三，指导员李锡奎，副连长贾便林；五连连长耿日东，指导员王德增，副指导员刘连擢；六连连长隋光景，指导员宋怀兰；机炮连连长张福龄。

159

兖州战役亲历记

在部队进驻兖州之前，鲁纵首长在泰安城东召集营级以上干部开过一次军事动员大会。会上首长指出，我军在兖州战役中将采取"围点打援"的战略战术，为配合外线兵团的开封、睢杞战役（豫东战役），力图将徐州之敌"调"出来增援兖州，以便我打援部队在滕县附近将其消灭，待兖州守敌彻底孤立后，再一举拿下该城。会上，首长决心很大，信心十足，还强调了解放兖州的重大意义，分析了我军胜利的条件。

回到营部，我把会议精神作了传达。全营上下立即沸腾起来，纷纷表决心、立誓言，连、排、班互相展开了挑应战，一致表示要在这次战役中力争担负最危险、最艰巨的任务，多杀敌、立大功，创造优异的战绩。

我们为了提高指战员的战术和技术水平，曾模拟兖州守敌的工事设防情况，进行了爆破、架桥、竖梯、冲锋等一系列实战演习。那时，我军在武器装备上已经不次于敌人。就我营来讲，每连都有机枪班，配有五六挺轻机枪；机炮连所属的机枪排，配有三挺马克沁重机枪；炮兵排配有三门六〇炮，三门瓦子炮（掷弹筒）；每个战士都有得心应手的枪支和足够的弹药。部队不但能打运动战，而且能打阵地战，具备了攻坚的经验和能力。因此，同志们摩拳擦掌，斗志昂扬，对战役充满必胜的信心。

6月中旬，我营抵达兖州城下，驻扎城北周家村，两三天后，又奉命移驻津浦铁路东侧。那时，兖州守敌已被我军团团包围起来。我们团的主要任务是扫清城东北的外围障碍，配合主力部队进行辅攻，消耗、牵制敌人兵力。团的具体分工是：一营打飞机场（亦称东大营），三营打琉璃厂，我二营攻打豆腐店。

豆腐店是个约有200户人家的农村，坐落在城东北郊，离城约一华里，西临津浦铁路不过百米，南靠火车站、飞机场，东傍琉璃厂和泗河，北边是一片开阔地。由于它军事位置重要，敌军把它作为护卫飞机场、火车站的重要屏障，在村北百米处用砖石修筑了一个东西长200米、南北宽100米的椭圆形大圩子。圩墙一米多厚、三米多高，壁身留有许多射击孔；墙顶上可以走人，并设有垛口。圩子四角修筑了高大坚固的碉堡，能构成交叉火力网以相互支援。圩墙外三米处，有一条深四米、宽三米的壕沟环绕，里面满是积水，沟底插着许多竹扦桩，沟两岸有鹿寨、铁丝网、陷阱和埋着的地雷。鹿寨和铁丝网上布有挂雷、拉雷，陷阱里置有竹扦和地雷。圩子四面是平展展的土地，内有水井和简易营房，地道能同城里的守敌相通。此处驻有敌军一个连。看上去，它俨然像个城堡。敌人也曾吹嘘说："这个据点是伸到城外的铁拳头！"

我们接受任务后，迅速开赴该村的西北，挖掩体，修工事，勘察地形，了解敌情，研究进攻方案。当时，我把营部设在村西北的铁道涵洞内，部署五连在东，担任主攻；四连在西，担任第二梯队；六连驻营部附近，作为预备队；机炮连负责封锁敌人的火力点，以掩护各连的活动。

为了早日完成战斗任务，我营首先进行了紧张艰苦的坑道作业，以便接近敌据点，进而将其消灭。当时正是暑天雨季，同志们不顾天热夜黑、虫叮蚊咬，冒着敌人的炮火，顽强苦干，奋力挖掘，不几天，几条1.5米深、0.8米宽的战壕，就分别从东北、正北、西北方向逐渐接近了敌据点。各连还在战壕内修了许多机枪、步枪掩体和简易的防空洞穴。

敌人对我营的神速行动非常恐慌，曾千方百计地进行干扰、破坏。

据点内的守敌凭借着坚固工事，不断向我营阵地开枪射击。一天上午，敌人的一阵稠密枪声过后，有一个家伙竟从垛口里探出身来，扬扬得意地往外窥视，被我五连一名特等射手一枪击中，只听"叭！"的一声，那家伙就像一条死狗似的栽到了圩墙外。对此，阵地上的同志们曾情不自禁地齐声喝彩。此后，敌军再也没有人敢把脑袋露出墙外了。

敌人还多次出动飞机对我营狂轰滥炸。夜间不断向我营阵地投掷照明弹、燃烧弹，企图破坏我们的坑道作业，阻挠我们的军事行动。当时，我营有一名炊事员被炸牺牲。

城内守敌利用高耸入云的兴隆塔作为瞭望所，指挥炮兵不断向我营阵地轰击，给圩墙内的敌人撑腰打气。

敌人还采取以攻为守的策略，多次出动铁甲车，以猛烈的火力掩护其成班、成排、成连的兵力向我营发动攻击，妄图干扰我们的行动，进而将我营赶出阵地，以解除对豆腐店的威胁。

7月初的一天下午，敌人约一连人，在铁甲车的枪、炮火力掩护下，分兵两路，突然从豆腐店东、西两侧向我营猛扑过来。我军猝不及防，形势十分危急。顷刻间，铁甲车已"轰隆隆"地冲到我营部以南约100米远的地方，营指挥所在微微颤动，簌簌撒落泥土。我们幸好预先掀掉了几节钢轨，才使其不得继续前进。可是，这时几十个手持机枪、步枪的敌人，像疯狗似的"嗷嗷"叫着冲向我们营部。四连长张维三见此情况，气愤地高喊："营长，敌人已迫近营部了！"我当即大声对他说："要沉着，组织火力把他们打回去！"四连长一声令下，该连二排的全体同志立即跃出战壕，向敌人展开了反攻。当时，二排的夏锡行班长奋不顾身，带领全班冲在最前头。他们将成排的手榴弹连续甩出去，随着雷鸣般的爆炸声，敌人纷纷倒地。夏锡行等同志在硝烟尘土的笼罩下，又乘机以猛虎下山之势冲入敌群，展开了激烈的白刃战。夏锡行勇猛娴熟的刺杀使敌兵接连毙命。正当他酣战拼杀，乘胜向前之时，一个敌军官模样的家伙竟端着刺刀向他刺来，他敏捷地一闪，使得敌人扑空了。夏锡行趁势将身躯一转，立即用枪刺逼向敌人。那家伙被迫慌忙往后倒退。正当夏锡行想冲过去结果他时，猛不防敌人向他开了一枪。夏锡行躲闪不及，左耳中弹，鲜血直流。那家伙掉头欲逃，夏锡行却猛虎般地窜了过去，一个突刺就把他送上了西天。不大一会儿，来犯之敌被打得落花流水，遗尸满地，残余的几个向南抱头鼠窜而去。这时，夏锡行已血流满面，他身旁的一个战友关切地说："班长，你负伤了，快让我给你包扎一下吧！"与此同时，四连吹响了追击敌人的冲锋号，夏锡行一边用手抹着流入眼中的鲜血，一边刚强果断地说："这没啥，追击敌人要紧！"于是，他又带领战友们把残敌追杀至豆腐店以南。西路之敌就这样被彻底打垮了。

东路的敌人，开始也是气势汹汹，一直冲到我五连阵地附近。五连在战壕内坚守，沉着应战，英勇还击，打得敌人始终不敢靠近。不一会儿，四连来援，一阵激战过后，歼敌大半，几个侥幸活命的，也和西路残敌一样，逃之夭夭了。

敌人的这次反扑被彻底粉碎了。后来，敌人虽然又搞了两次，但其规模和气势都越来越小了。每次除丢下几具尸体外，一无所获。随之，战事进入相持阶段。

为了防止敌人狗急跳墙，我营各连队都以高度的警惕，时刻监视着据点内敌人的动静。白天由于炮火的干扰，炊事员往往无法及时送饭。同志们忍饥挨饿，毫无怨言，以苦为荣，以苦为乐，仍坚如磐石地守在前沿阵地上。

敌人几次来犯均遭我沉重打击后，竟不敢再作尝试，只好龟缩待毙。我们将这一情况报告上级。首长指示我营，要伺机早日攻克豆腐店。

7月6日夜，我四连、五连在夜幕掩护下全部出动，以"下定决心，不怕牺牲，排除万难，去争取胜利"的精神，用了大半夜的时间，终于在敌据点的西北角，清除了鹿寨、铁丝网、地雷等障碍，搞出了一个3米多宽接近敌壕沟的安全通路。接着，五连的架桥组在敌壕沟上迅速架起了一座3米多长的木桥。木桥刚刚架好，就被据点内的敌人发觉了，并以绵密的火力向我疯狂射击。他们将照明弹射向天空，顿时夜如白昼，随之将成排的手榴弹和炸药包投向木桥。这样一来，木桥被炸毁了，致使我们攻克敌据点的计划未能按时完成。

7月的夜真短，很快，天就麻麻亮了。

五连长耿日东焦急地向我报告："营长，我们架的木桥被炸毁，部队受阻于壕沟之外，今夜突击没能得手！"我听后对他说："要认真总结经验，吸取教训，从中想出办法早日拿下这个敌据点，积极配合主力部队攻城。"白天，同志们主动召开了军事民主会，积极献计献策，经过一番研究讨论，决定采取"外爆破"的方法来解决敌人的壕沟问题。

7日夜，行动开始。五连以坑道作业的方式运动前进，很快就接近了敌壕沟的外沿，接着又往下挖了一个两米多深的坑洞。然后，爆破组把一个50多斤重的炸药包放到里面。引爆后一声巨响，土柱冲天，沟外沿的沙土一下塌进了沟底。同志们高兴地说："外爆破成功了，这下子不用架桥，也可以通过了！"但问题仍未彻底解决，壕沟内侧仍存有高高的堤岸，岸上3米多宽的平地上还有许多障碍物。对此，五连立即组织力量，采取在对岸外侧向里挖地道的方法接近敌据点。当时，由田忠远及其战友组成的战斗组，在夜幕掩护下，从对岸往里挖掘。他们不怕困难，苦干巧干，挖出的土就顺手填在身后的沟内，使沟里的积土进一步加宽加高。很快，他们就像神仙借土遁似的，从敌人设置的鹿寨、铁丝网、雷区底下，挖到了据点的墙基下面。随后，田忠远将一大包炸药放了进去，不一会儿，"轰隆"一声巨响，地动山摇，敌据点的圩墙坍塌了长10余米一大段。

据点内的敌人，被这突然的爆破声吓得呆若木鸡、手足无措。这时，田忠远同志冒着弥漫的硝烟尘土振臂高呼："同志们，冲啊！"大家争先恐后、奋勇向前，用步枪、手榴弹组成密集的火力，占领了突破口，并向纵深发展。担任主攻任务的五连三排，也不失时机，以暴风骤雨之势，迅猛地突进了敌据点。

时间过得真快，天就要放亮了。正在这当儿，营部接到上级指示，其基本内容是：为尽量减少伤亡，以利再战，可酌情撤离险地，然后再想法伺机攻克。根据上级的指示精神，我正要对五连下达命令。五连通信员却气喘吁吁地跑进营指挥所，心情激动地报告说："营长，我们已经爆破成功，炸坍据点围墙，并且突进去一个排，赶快发起总攻击吧！"听后，我非常高兴，立即命令四连跑步投入战斗，其他连队积极准备，后继支援。

很快，五连全部突进了敌据点，并将一挺重机枪拖了进去。他们用机枪、步枪、手榴弹给敌人以猛烈打击。不一会儿，五连就攻占了敌据点东北角上的碉堡。敌人在我里外夹击的强大攻势下，被打得丧魂失魄，毫无招架之力，各种火力点都成了哑巴。

同志们适时向敌人宣传党的政策，高喊："我们优待俘虏，只要放下武器，保证你们的生命安全！愿回家的给路费，愿参加革命队伍的受欢迎！不要再替蒋介石卖命了，赶快投降吧！"不一会儿，碉堡里传来战战兢兢的乞降声："不要打了！我们投降！"紧接着，敌人按照我们的要求，从碉堡里扔出枪支，在其连长的带领下，一个个钻出来，举着双手向我方走来。

另有一小股顽固分子，趁我暂时停止射击，从据点南面偷偷溜出去，拼命往南逃窜。我四连二排发现后，迅猛直追。二排的刘宝玉班长，带领着全班冲到最前头，打得逃敌龟叫鳖爬，不多时被我全部歼灭。刘宝玉同志是安丘县人，在历次战斗中以勇猛如虎著称，当时同志们都亲昵地叫他"二虎"。

7月8日清晨，豆腐店被我军全部占领。我营对敌据点迅速作了一些改造，接着将营指挥所搬了进去，并令战斗力较强的四连驻守豆腐店村南。四连在那儿修工事、挖战壕，伺机将阵地向前推进，以配合主力部队攻城。

敌人得知我军攻克豆腐店后，曾派飞机对我营进行过轰炸，城内的炮兵对我营进行过炮击，还派出小股兵力对我营前沿阵地进行过反扑。不过，这一切除了给我们的同志增添一些谈笑材料外，都是枉费心机的徒劳而已。

我记得，当时被俘的敌连长经我政工干部耐心教育后，思想有了转变，按照我们的意旨写了一封给蒋军官兵的信，其大意是：兖州已被围得水泄不通，十二军孤立无援，粮弹缺乏，充满厌战情绪；解放军为人民大众而战，故而士气高昂，更兼粮弹充足，兵强马壮，上下一致，优待俘虏，希望守城官兵兄弟们早日悬崖勒马、弃暗投明。如果执迷不悟，死心塌地给蒋介石卖命，必是死路一条。当时，我们把这封信作了油印散发，对敌人起到了一定的瓦解作用。

7月12日傍晚，我围城部队对兖州守敌发起了总攻。

13日下午4时，敌人在我军势如破竹、锐不可当的进攻面前，被迫退出城区，惊慌地向东南突围逃窜。我军追击，全部予以歼灭，并生擒敌军长霍守义。兖州战役胜利结束。

14日早饭后，我营奉命北进。在泰安王庄补充休整后，又投入了新的战斗。

　　注：褚宝兴同志系山东省潍坊市人，1938年4月参加八路军，1939年加入中国共产党。抗日战争时期在部队先后担任班长、排长、连长、师侦察科副科长等职。解放战争时期历任营长、团长。中华人民共和国成立后曾任南京空军校务处处长、空军师航校后勤部部长等职。1958年转业后，任浙江省萧山棉纺厂厂长、省纺织公司书记等。

蔡桁战斗

谷荫杭　整理

蔡桁战斗是解放战争时期发生在济宁市郊区的一次最大的战斗。当时，我军在国民党反动派调动大批军队重重围攻的严重情况下，全体指战员英勇顽强，浴血奋战，写下了一首可歌可泣的英雄诗篇。

战前背景

1947年国民党军重点进攻山东，2月中共凫山县委撤出县境，邹（县）西、湖东、凫山这一地区被敌占领，敌人对我地方干群进行疯狂报复，环境恶化。是年秋，我刘邓大军挺进中原之后，形势有所好转，鲁南津浦铁路以东地区相继被我收复，而邹西、湖东这一地区仍被国民党反动派所统治。为打击敌顽政权，开展工作，收复解放区，于1948年3月中旬，鲁南区党委和军区决定：派鲁南军区二十大队挺进邹西，插入敌后，做收复的准备工作。并调十五团副政委于华率两个连，在二十大队统一领导下执行这一任务。出发前，鲁南二地委书记张劲夫、军分区副司令员阎超交代了具体任务，强调指出：我们这次行动，主要是深入敌后，做收复邹西、湖东地区的准备工作。敌占区的条件很差，我们能多占几天就是胜利。

3月19日（农历二月十一日）晚，部队从邹东大河滩出发，当夜越过津浦铁路，全歼盘踞在凫山心脏郭里集的还乡团、乡保安队，俘敌70余人，缴获轻机枪1挺、步枪170多支和其他武器弹药等。次日，二十大队驻薄梁、鲁桥等村，宣传群众，开仓济贫。这时，我侦察人员发现济宁、邹县、兖州、滕县等周围敌人据点均在增兵，大有合围之势，大队部当即研究对策，决定转向湖西。

23日晚，我二十大队在鲁桥乘百余只渔船过湖。次日早，在九子集一带登岸后便发现国民党军，我军随即向南转移，到达殷王家村时，敌人已尾追上来，于是便以万福河堤为屏障与敌人接上火。由于地形不熟，我军周旋一天，未能摆脱敌人。在战斗中，负责阻击的一中队队长胡儒林负伤，派出去的时君让和刘、宋3个侦察员未归，情况十分紧急。当天晚上，大队领导研究：如西去羊山，那里敌人正重点扫荡；如返回湖东，船只又已放走；如沿湖北岸绕回湖东，路途较远，当夜时间不够。最后决定：乘夜间秘密转移，找个易于防守的地方隐蔽下来，封锁消息，待次夜再行转移。

初春解冻，湖边道路泥泞，绕村转弯，行军艰难，深夜到达蔡桁村。

部队编制

鲁南军区二十大队以新组建的凫山县武装为主，和滋阳县大队合并而成。这次行动前，为加强领导，鲁南区党委派原铁道游击队政委杜季伟任凫山县委书记兼二十大队政委。为加强这支队伍，较好地完成任务，区党委、军分区派十五团两个连协助行动，其组织状况是：

（一）二十大队政委杜季伟，大队长颜化平（凫山县县长），副大队长郑西勤、朱兴邦（滋阳县大队副队长）和赵克己（凫山县武装部部长）。

二十大队下辖三个中队（连）和一个短枪队（连）：

一中队119人，队长胡儒林，指导员步占沂。

二中队130余人，队长高令海，指导员王东升。

三中队129人，队长冯景尧，指导员李永建。

短枪队（亦称四中队）40余人，队长赵玉箴，兼指导员。

（二）十五团参加这次行动的有团部部分人员和五、六两个连。

团部有团副政委于华、参谋赵北、新调入的六连指导员荆守友和通讯员张修文，以及宣传干事1人、医助1人、卫生员2人、通讯班12人（班长于高纯，现名于新华），共20人。

五连辖一个重机枪排，全连有130余人，连长尹国兴，指导员解占元。

六连130余人，连长王××，指导员吴钦。

参加这次行动的共700余人，随军担架3副，马4匹，重机枪2挺，轻机枪27挺（包括在郭里集缴获的1挺），其他武器弹药齐全。

激烈战斗

蔡桁位于济宁市郊区东邵乡西北部，当时是个百余户人家的小村，东西长，村南和村北各有东西水沟一条，村南水沟南面还有几户人家。其地形特点是村基高，周围地势开阔平坦，易守难攻，但村内胡同均为南北走向，交通不便，调兵困难。部队进村后，大队立即下令分兵把守，封锁消息。一中队守村东，二中队守正北，三中队守西北，短枪队在村南几户人家处负责察看敌情，五连守西南，六连守正南。全体指战员迅速进入阵地，投入战前准备：做饭、挖工事、掏枪眼、运子弹……

3月25日（农历二月十五）晨，董庄（村北水沟外一小村）的王广明得知蔡桁进驻我军，随手提一篮子作掩护，去王河九村向土匪头子王永春密告。王亦提一篮子装作剜菜，到范李庄向国民党乡队长车东文报告，车即跑到兴福集转报济宁县保安队，济宁县保安队勾结了驻金乡县的国民党新五军一个团和金乡县保安队包围了蔡桁。在此之前，济宁县国民党县长张积庆已得知我军过津浦路到邹西的消息，命令保安队副大队长陈怀明带四个中队去济宁城东泗河涯一带与邹县保安队会合，追踪搜寻，未见踪影。旋即命陈率队去湖西，26日早到达蔡桁附近的马店村。得知我军进驻蔡桁的消息后，陈命中队长郭光耀带二中队攻村西，曾宪法带一中队攻村东，陈自带另两个中队攻村北，后又配合金乡县保安队进行联合包围，9时许，村南又围上数千名国民党正规军。小小村庄，大军压境，一场恶战之前，空气异常紧张。

上午11时，敌以小股冷枪先从东北方向进攻，我军指战员人人仇恨满腔，个个斗志昂扬。当敌军冲进我一中队火力网时，我轻重机枪齐发，敌军死伤二三十人后败退。午后，西北方向之敌开始向我军射击，东北方向之敌又乘机发起第二次进攻。当敌兵距我阵地约300米时，我军突然还击，敌兵六七十人应声毙命，余敌卧不敢立。这时我大队政委杜季伟和副大队长朱兴邦正在村东北角一个小民房里指挥战斗，发现村外一场园屋附近有很多敌人正蠕动而来，杜政委从战士曹北车手中要过大枪，弹无虚发，连续击毙一二十人。这伙妄想偷袭我指挥部的敌人受到严惩，抱头缩回，不再妄动。

下午2时许，国民党新五军一个团开始向我五连、六连防地开炮，霎时敌人从四面八方发起总攻。东边和北边那些打小旗、穿黄大衣站起来号叫督战的敌军官一个个均被我军击毙，不敢再攻。五连、六连防地附近敌人火力猛烈，进攻频繁，我军充分利用地形、地物，发挥轻重机枪的威力，打死打伤敌军四五百人。由于我广大指战员英勇奋战，打退了敌人一次又一次进攻，阻止敌人不能靠近。

敌人虽然暂时受挫，但形势仍然对我军不利。政委杜季伟对朱兴邦说："老是被动防守会吃大亏，要想办法突围。"朱兴邦当即绕村一周观察敌情，认为西北方向敌人兵力弱，可从西北面突围。于是命令原凫山县大队拿出一个中队，十五团拿出一个连，向东北方向佯攻，牵扯敌人，让大部队从西北方向突围。刚突出去三四十米，敌人火力加强，三中队队长冯景尧同志壮烈牺牲，战士伤亡较大，突围未能成功。大队部据此果断决定：暂时固守阵地，待天黑时再行突围。并由朱兴邦和他的通讯员分头通知各连队。不料傍晚敌人又发起了猛烈攻击，炮火连天，杀声阵阵，敌人蜂拥而上。我重机枪被敌炮击中，战士伤亡重大。敌军从西南方向攻进村庄，放起大火，将我军割裂。我广大指战员胸中燃起复仇烈火，和敌人展开了肉搏战。尤其是三中队和五连、六连同敌人展开了激烈的巷战，许多指战员牺牲后还双手握枪怒视敌人，显示了大无畏的英雄气概。

由于敌军数倍于我，我军分散退守各个家院，此时大队部与各连队已无法联系。杜季伟对邱天乙说，要想办法分头突围，把队伍带出去就是胜利，现在会是开不成了，只有分别通气。于是邱天乙找到颜化平传达了杜政委的意见，又找到了一中队队长胡儒林和指导员步占沂交代了突围办法。

分批突围

在炮火中我军与敌人短兵相接，同敌人一墙之隔时，主要用手榴弹投杀，敌人冲进我院，则以刺刀相拼。在混战中，我军先后七批突出了重围。

第一批：杜季伟、朱兴邦守在东北角的一个院内，天黑以后，用手榴弹打退了爬墙进攻之敌，又打退了封锁大门的20多个敌兵，冲出大门后，朝着月亮升起的方向边打边冲。这批突围的有一中队指战员和其他连队分散的战士约80人，有4挺机枪。到了一个湖湾，乘船转移到李庄，刚要休息，又发现敌人追击，于是又乘船直向湖里划去。

第二批：颜化平、邱天乙等在一中队阵地前沿开始突围时，指导员步占沂见人少，把保护大队部突围的任务交给了二分队队长盛宝梅，自己重新组织人员突围。突围前，邱天乙腿部受伤，颜化平的通讯员小李在突围中受重伤，行走困难，战士互相照应，方突出重围。这批突围出来五六十人，向湖边奔去。

第三批：步占沂命令一中队战士吴庆领、欧学银手端机枪在前，两个手榴弹组在后，从村东突出重围。这批有六七十人，在较短的时间内就与第二批突围的人员会合一处。他们走到湖边，群众用十余只渔船把他们送到侯楼，同杜季伟等会合。

第四批：于华带领团部和五连部分战士约30人，从村北顺水沟向东突围。于华和于高纯两人在前，通讯班随后，突围中缴获敌人轻机枪1挺。走到湖边，正巧遇到前来接迎的步占沂，他们一起乘船到湖里侯楼找到了杜季伟、邱天乙、颜化平、朱兴邦等人。

以上4批突围人员当夜过湖，第二天拂晓从湖东师庄登岸，遭敌截击，击退敌人后，大部分人员穿过，回到了邹东，20多名伤员又返回湖里，到了郑家堰休息，次夜又从师庄南登岸。他们为便于行动，把重伤员寄存在北薄梁。后来多被敌人杀害，其中有五连指导员解占元和战士冯崇法等。

第五批：二中队长高令海负伤，指导员王东升带领战士从村北水沟突围，激战中战士盛宝民、任立朝负伤倒在水中，其余60余人突出。到郑庄乘5只小船到白家岗住下，次日过湖，因伤员行动困难，到牦牛山又住下，经六天六夜才到达邹东。

第六批：月亮升起以后，短枪队队长赵玉箴去大队部报告情况，看到队部无人，退出后，在村东遇到步占沂，听说大队部已突围撤出，于是赵带领战士从东北角突围，突出后只剩下17人。当时他们估计湖边可能不好找船，又听说羊山那边有我们的部队，于是转向西行，与敌遭遇，俘敌3人，缴获机枪1挺，子弹2箱。行走中，其他连队分散突出来的战士陆续随队同行，队伍很快增至40余人，当夜赶到羊山，哪料那里已被敌人占领。随即找到几头毛驴驮着伤员继续转移，在羊山谢集遇到我冀鲁豫部队，安排伤员住院治疗40余天。伤愈后，北行，过黄河，转章丘，返回邹东。

赵玉箴在谢集住了3天后，三中队指导员李永建找到那里。他说敌人攻进蔡桁后，他在一家房顶上的柴火堆里卧着未动，敌人走后，换上便衣，才跑来此地。

第七批：秦启田等18人突围。六连四班战士秦启田等与团部失去了联系，四班所守院落共18人，其中凫山县大队战士1人，夜10时许，敌围在院外，秦启田大喊一声："八路军打过来了！"敌人一惊，立即撤开，秦等18人乘机冲出，抓住两个敌人，缴获轻机枪一挺，让俘虏架着伤员丁现义，大家一起向正西方向转移。拂晓住在某村，让两个战士穿上敌人服装站岗，不准行人出入，过了白天，夜间又行。到达定陶县某村时，遇见我军，留住18天，丁现义继续留下治疗，其余17人过黄河，经禹城，到惠民，后在淄博找到十五团，两个月后回到自己部队。受到副团长李明和的接见，并给秦启田记二等功一次。

战后情况

我军突围后，敌人占据了蔡桁村，一天一夜烧杀奸淫，抓人抢物，无恶不作，杀死该村群众4人，外来讨饭的2人，打伤10余人，抓走70余人，烧毁房屋37间，抢走牲畜72头，大车10余辆，被褥、衣物、钱粮、家禽等抢劫一空。

我军因受伤被俘300余人，于27日下午解至金乡，在金乡南关外护城河边照了相，而后蒙上眼睛用汽车押送徐州监狱。

敌人走后，蔡桁村群众分两处掩埋牺牲的同志，共64人，村西39人，村东25人，新中国成立后起到一处建立了烈士陵园。

当时敌众我寡悬殊，敌军数倍于我，我军仍杀死敌军五六百人，我主要干部和360多名指战员突出重围，保存了实力。这种革命壮举应永远为人们所称颂。

邹城解放亲历记

单成仁*

1948年邹县城第二次解放时，我在邹县县大队任副连长。由于时间久远，现仅把记忆中的邹城解放时有关情况记述如下，以供参考。

1948年，邹县县大队直属鲁南第一军分区领导，县长张绍烈兼任大队长，彭士清任副大队长（部队派来的），隋政任政委。县大队下设3个连，我任第一连副连长，耿明泉任指导员，桑振保任二连连长，指导员是姓董的，张建福仟三连连长，于福寺仟指导员。二连、三连本来属于曲阜的建制，后编入我县大队接受作战任务。

---

*单成仁，1948年解放邹城时任邹县县大队一连副连长。1964年转业到县供销社工作。

在解放邹县城的前夕，即1948年6月10日左右，中共邹县县委、邹县人民政府在圈里村（现属田黄乡）召开了动员大会，县委书记贾士珍作了战斗动员。他主要讲了当时解放战争的形势，部署战斗任务。说根据上级指示，我们要打到蒋管区去，要打击津浦铁路沿线的敌人，为解放兖州、攻克济南扫除外围敌人。他号召同志们要发扬连续作战不怕牺牲的精神，英勇杀敌，积极配合正规部队彻底消灭驻在邹县城内的顽敌，为解放邹城做出贡献。接着，县公安局局长、县副大队长、政委都先后讲了话。尔后，县大队全体指战员于1948年6月14日进驻县城北边的岗山、铁山一带。我们一连驻铁山，二连驻岗山顶东端，三连驻岗山铺，配合华东野战军攻城部队，准备阻击敌之援兵，同时负责护送伤病员，护卫群众支前运输，保证作战部队军需供应。

6月15日（农历五月初九日）下午2点30分，解放邹县城的战斗打响了。我野战军五十八团（即萧李团）、六十团（即杨谢团）担任主攻。华野的榴弹炮架在城西南大沙河的五孔桥附近，首先集中炮火猛烈地向西门轰击，随即其他三个城门也相继遭到我军炮火轰击。当时县大队隋政委等领导同志在铁山上瞭望战斗情况，待命出击，我从他手中要过望远镜，观察攻城战的进展情况。因为居高临下，所以战场上的一切，都清清楚楚地展现在眼前。我看到西门口打得最为激烈。我军的炮弹准确地落在城头上，随着冲天的浓烟，城墙被轰塌了几个缺口，战士们冒着城头上敌人的枪弹，在城墙豁口上架起云梯，奋不顾身地冲了上去，接着红旗就高高飘扬在邹县城头。敌人伤亡惨重，步步败退。攻破西门后，大部队迅速进入城内，有一部分敌人最后缩到城内东北角，企图突围未成，终被我军全歼。国民党邹县县长巩振寰被当场击毙。傍晚，战斗全部结束，二连、三连完成狙击任务即返回曲阜了。我们县大队一连是随华野第三梯队从西门进的城，当时是用木板把护城壕沟垫起来通过的。进城后，我们立即开始搜索残敌，救护伤员，收容俘虏，收缴、清点敌人的武器弹药，打扫战场，维持社会治安等。凡是我们的伤员都迅速送往医院抢救治疗，并把敌人的死尸运到城西南坝子沟里掩埋起来。我们一连共收缴步枪300多支，轻重机枪4挺，六〇炮两门，子弹一大批，收容俘虏300多人，由华野部队负责教育安排。他们有愿意回家的发给路费，打发回家，愿意参加我军的，就收编到我们部队来。我们连里就接收了48名俘虏兵，经过教育成了我们的战士。在当天打扫战场、清剿残存之敌时，我和肖春盛同志在南门里一个空园里发现一口白棺材，虽然上边有盖，但一边的棺材板错开了一道缝。我怀疑里面藏有人，就和肖春盛同志把棺材打开了。里面果然趴着一个敌兵，抱着一支步枪，头朝下，屁股朝上，吓得直打哆嗦，我们喊了声缴枪不杀，他便乖乖地举着枪爬出棺材，跪在地上哀求饶命。当天，我们驻在西门里路南阎家楼院里（后又移驻书院街）。

邹城解放的第三天，华东野战军在老县衙门大院里召开了庆功大会，通令嘉奖担任主攻任务的六十团。县大队的指战员也都怀着胜利的喜悦参加了大会。会后，我们就地进行休整。过了20多天后，县大队接受了到峄山剿匪的任务，我们驻在野店、两下店，经常上峄山围剿土匪李老八。峄山形势险要，洞穴幽深，易守难攻，我们剿了几个月，消灭了李老八的土匪二三百人，给李匪以重创，使之元气大伤，龟缩在山洞里不敢下山了。

　　在峄山剿匪期间，记得是7月里的一天，因酷热难当，我们一连全体战士在两下店村北的一条沙河里洗澡时，我突然听到天空中传来飞机的嗡嗡声，抬头往天空一看，真是蒋军的一架飞机，由南往北，飞得很低很慢，连飞机上的国民党党徽都看得一清二楚。这时我立即命令站在河岸上担任警戒的刘玉清同志（泗水县圣水峪人），赶快用步枪射击。他端起九九式步枪迅疾向飞机开火，一枪击中，飞机接着冒烟，摇晃着向北栽下去。我们也上岸迅速追去。这架飞机一头栽到邹县城南兴隆庄西边的田野里爆炸燃烧了，驾驶员及飞机上的一切全被烧毁，只剩下一堆炸烂的铝片，让当地群众捡了去。为此，鲁南第四军分区给刘玉清同志记了一等功。

　　后接上级指示结束剿匪任务回到县城。这时，县大队扩编成4个连，一连、二连、三连由隋政带领，赴外地接受新的战斗任务。第四连共196人，由我任连长，继续驻在县城维持社会治安。1948年10月前，我们编入了中国人民解放军，乘车北上，又开始了新的战斗生活。

解放邹城

刘玉平　整理

抗日战争胜利后，蒋介石背信弃义，撕毁停战协定，在美帝国主义的援助下，发动了全面内战。1945年8月底，蒋派第十九集团军大陈庆部，伙同吴化文部，气势汹汹地由徐州沿津浦铁路北上，企图占领济南，达到控制整个山东的目的。

战略转移

1946年6月13日12时，两架蒋机由南飞至邹县城北官庄一带上空盘旋了几圈，即向岗山岭上进城赶集的群众开枪扫射，无辜群众伤亡数十名。

同年12月，驻兖州的吴化文部和巩振寰部纠集在一起，出动1500余人袭击我中心店区部，残杀我区委书记、区长、各救会长及村干、军属多人，抓捕我干部战士和群众六七十人，并大肆抢掠，制造了残酷的"中心店惨案"。

1947年2月14日中午，又有两架蒋机飞抵邹城上空，在孟庙、孟府之间的大街集市上低飞扫射达半小时之久，并投下重量级炸弹6枚，浓烟滚滚，计有380多名赶集群众倒在血泊中，惨状目不忍睹。

从此，敌特的进攻和破坏越来越疯狂，并准备对邹城发起大规模进攻。在这种情况下，我军执行了上级关于以消灭敌人有生力量为主，而不计较一城一地得失的方针。为调动敌人，最后打败敌人，实行战略转移，于1947年2月间主动撤出邹城，以求得战略形势的根本好转。

在我军主动撤出邹城后的2月26日，蒋军新编五十一军和吴化文部，分别由薛城、枣庄、兖州一带推进，侵占了邹县城。巩振寰摇身一变，成了国民党的县长。于是灾难重新降临，人民饱受涂炭之苦。

开展游击战

在县委的领导下，我地方武装采取了县不离县、区不离区、坚持敌后游击战的方针，化整为零，编成许多小型武工队，机动灵活地活动在全县各地，神出鬼没地打击、牵制、困扰敌人，给予敌人很大的打击和威胁。

各武工队在打击敌人的同时，不断壮大队伍，越战越强。特别是邹东山区的武工队，以崇山峻岭为屏障，有力有利地进行了反"清剿"、反奸特斗争，开展得相当活跃，曾多次击退敌人的各种规模的进攻。拔除敌据点，烧毁敌碉堡，屡屡袭击敌人，获得较多的战利品。1947年3月，邹东武工队配合我部队进行了凤凰山战斗，敌军伤亡250多人。同年10月，又配合我部队于瓦曲、圈里、田黄一带，击退了蒋军何志斌保安二旅和巩振寰的县大队。俘敌170余人，缴获轻机枪4挺、步枪20余支和一批弹药，有力地打击了敌人。1948年4月，邹东武工队配合我部队，攻克嶫山敌据点，经1小时激战，毙伤俘敌150余人，缴获轻机枪4挺，手炮3门，步枪49支，炮弹20发，子弹5800余发。在我武工队和部队打击下，邹城的敌军再也不敢轻举妄动。

敌孤守无援

1948年的山东战场上，我军所向披靡，声威大振，如同一场暴风雨即将席卷山东。邹县敌人提心吊胆、惶惶不可终日，预感到末日来临。于是日夜加紧筑碉堡，修工事，封闭了邹县南、北、东3座城门，加强了防守。

当时县城里驻扎着蒋军保安三旅、县大队、县总队，还有一个徒有虚名的城防司令部。巩振寰兼统其他地方部队，保安三旅副旅长葛鳌兼任城防司令，但在我大军压境下，敌人的这些部署只是徒劳而已。守敌士气低落，恐慌万状，各部之间又矛盾重重。特别是那些上层人物，各念各的经，各打各的小算盘，谁也不顾谁，所谓"精诚团结"的信条早见鬼去了。

最后感到大事不妙的是城防司令葛鳌，他一面喊着加强防范，一面打起了逃跑的主意。6月15日上午，他找了巩振寰，要敲他的竹杠，提出要蒋币一亿元的军饷，限在两天之内送齐，不给不行。巩振寰明知葛鳌是在耍花招、榨油，可又不敢不答应，如得罪了他，县长的宝座就难坐成。巩振寰拿不出这么多钱，就向商会、店铺摊派，闹得全城鸡犬不宁。

攻克邹城

6月15日上午，我华东野战军山东兵团七纵二十师，担任主攻的两个团，已经把邹城包围得水泄不通。指战员们讨论分析了敌情，接受了潍县攻城作战的经验，决定采取集中兵力、突破一点的作战方案，攻城突破点选定在西门。

下午2点30分，攻城战斗打响了。炮声隆隆，惊天动地。无数发炮弹带着人民的愤怒，炸响在西门和西城墙上。霎时，浓烟蔽日，呼啦啦西门南北两侧10多米的城墙被炸开3个大缺口。

那时，爆破手邢年义、林坤、刘金业等7同志跳出战壕，乘着浓烟，在我火力掩护下，对鹿寨进行了成功的爆破。接着，爆破班班长刘光胜指挥完成了架梯任务，当第一架梯子被敌暗堡的火力封锁后，马青山、马楼和刘树生跳下水沟，重架起了云梯。那时，我密集的火力封锁了敌堡。多处负伤的副连长傅荣昌同志一面指挥作战，一面用冲锋枪压制城头上的敌人，为部队扫清了前进的道路。

攻城部队接到突击命令，立即勇猛突进。萧、李团六连直插向城楼南侧的城墙缺口。六班长周国平和副排长张世国带领3名战士，穿过烟火弥漫的水沟，迅速爬上梯子，首当其冲地占领了城墙突破口，用猛烈的火力压制住敌人反扑，把我军的第一面红旗插向邹县城头。

登上城头的战士，迅速沿城墙向东南方向发起进攻，展开激烈的冲杀，相继占领了十多个工事，控制了400多米的地段，掩护了大部队的进攻。

首先登城的萧李团六连如一把利剑刺进城内。5分钟后，西门城楼上又飘起了杨谢团三连的红旗，西门城楼是敌人的制高点，城门下左右两侧满是堡群和枪眼，加之水沟和鹿寨，还有铁丝缠的木马，敌人的防守可谓森严。炮击后，爆破员迅速连续爆破，一排长梁文茂带领3名战士，仅3分钟时间便摧毁了攻击障碍；六班长袁怀章和战士们一起，仅用1分钟时间便完成了架桥任务。接着，排长王有胜带领突击队员，从城楼的倒塌处，迅猛地攀上了城墙。第二把利剑又刺进了邹城。

5分钟后，第三把利剑——杨谢团二营也突破了西门北侧的城墙，顺城顶向北进攻。

三支利剑，直刺邹城后，我大部队随后陆续突入，迅猛势不可挡。敌保安三旅副旅长兼城防司令葛鳌与敌县长巩振寰，闻大军进城，即向东北方向狼狈逃窜了。我战士紧追不舍，巩振寰被当场击毙，葛鳌做了俘虏。我军四路追击，以迅雷不及掩耳之势获得全胜。萧李团二营顺城脚一直往东南方向发展，在南门右侧的地洞里，歼敌90余人，当前进到东南角地洞时，内有80多名敌兵，经喊话争取，全部缴械投降了。当六连攻至城东北角时，地堡里的敌军也全部爬了出来，跪地求饶。

经过3小时激战，全歼邹城守敌2200余人。生俘的敌军政官员有保安三旅上校副旅长兼城防司令葛鳌、该旅二团上校团长喻延龄、少校团副墨德修、该团少校军需主任颜馨一、三营少校营长汪泓、敌县自卫总队队长杜蕙、该队少校新闻室主任李家龄、国民党县党部书记薛玉琨、敌县警察局代局长张应阶等。

至此邹城战斗胜利结束。

满城凯歌

深受敌人压榨欺凌之苦的邹城人民，是多么企盼解放啊！

当我大军突进城内时，许多居民不顾激烈的枪声，纷纷挂起了红旗，热烈欢迎我解放军进城。

当我杨谢团三连进到敌县府的看守所时，即把被敌关押的六七十名群众释放出来。部队进攻西关时，发现了一个鸡蛋房，房内堆了

110筐计50多万个鸡蛋。据查是上海茂昌公司购买的。战士们便在墙上用粉笔写道："屋内鸡蛋，我们给看着，绝不让人拿走一个。"

最先登城的萧李团六连周国平等五勇士在跟踪追敌中，见地面有许多衣服、胶鞋和包袱等，没有一个伸手去拿的。九连经过西门大街时，发现一家店门口放着六七条纸烟，谁也没去动一动。三连还将敌盛满服装的仓库认真保护起来。人民子弟兵纪律严明，秋毫无犯，这更加受到了人民的爱戴。

在追击搜捕敌人中，二连二班战士孙树贵碰到一个敌科长，跪在他面前说："你别打死我，我送你两支金星笔和一块手表。"孙树贵将他叫起来，讲了我军的俘虏政策，拒绝收他的东西。二班副班长说："虏到一个蒋军军需，也要送我两只金戒指和一支金星笔，我也拒绝了。"

邹城解放的当天下午，按照兵团首长的指示，成立了邹城临时军事管制委员会。驻军首长和我人民政府县长开始联席办公。第二天，县政府便贴出了保护文化古迹和商店营业的布告，城市秩序及早安定下来。天主教堂的一个修女，目睹我军进城后的情景，佩服地称赞人民解放军为"仁义之师"。

获得解放的邹城人民马上行动起来，积极协助我军搜捕残敌，掩埋尸体，集中处理所获物资。人民群众积极组织慰问部队，腾房子、换铺草、烧水做饭、为伤病员送药服务，军民亲如一家人。

正当邹城人民掀起拥军热潮时，部队接到再赴兖州作战的命令，临行前，群众满怀深情，依依不舍欢送亲人踏上新的征途。

邹城解放目睹记

许泮卿

1948年间，我曾任国民党邹县县长巩振寰的电台台长，亲身经历了人民解放军解放邹城的过程，从那时至今，已经整整40年了，但当时的一些事现在记忆仍较深刻，现将邹城解放时的有关情况记述于后，以供参考。

1947年2月26日，国民党新编五十一军和吴化文部分别由临城、枣庄、兖州一带攻占了邹县城。巩振寰带领地方武装及还乡团开进邹城，出任邹县县长，成立了邹县绥靖指挥部，向人民进行清乡和倒算，并于下半年在全县实行扩乡并保工作，建立保甲制度。当时全县共划为23个乡镇（时县驻地为向村镇），县城内外划为18个保，保下为甲。因形势发生变化，到了年底，这种保甲制度就名存实亡了（因县城周围已为解放军和人民武装所控制）。有些地方虽然划了乡镇，委任了乡、镇长，但根本没有人敢去就任。

到1948年，邹城内驻有山东省保安三旅和巩振寰的县大队及县自卫队，并成立了城防司令部。省保安三旅上校副旅长葛鳌兼任城防司令。此时，国民党邹县县政府设在县城内西门里大街路北董家的宅院里，电台就设在县政府内。到了三四月间，国民党的地盘已缩小到县城周围附近村庄，其余均为解放军和人民地方武装力量所控制，蒋军已是人心惶惶。县城只留有西门通行，其他8个城门全部关闭。城内士兵也轻易不敢出城，即使有时出城进行清查，也只是到县城附近村庄。全县23个乡镇，也只剩下了向村镇还能指挥。当时，向村镇驻地设在西门外路南双全盛酒馆内，卍字会大殿内是各保活动场所。县城附近的各保人员，晚间大都回城住宿。进入6月，正值麦收季节，回城住宿的各保人员（当时各保人员大都是由县培训所培训分配的外地人员，每保配有保长、保干事、保丁三人）有的向群众散布谣言说："城东八路军已在西苇一带开始抢收小麦。"旨在制造恐慌。县城内蒋军则忙着构筑工事，加固城墙，并加强防守，日夜巡逻。城墙外的壕沟里放满了水，加设了木寨，布置了铁丝网，城墙上下的暗堡充实了兵力，进行了严密的火力配置。百姓出入城门要有通行证并进行严格盘查。

时至1948年6月15日（民国三十七年五月初九）凌晨，人民解放军包围了邹县城。大约在早晨5点多钟，我就听到了解放军在城外的喊话声："解放军优待俘虏，缴枪不杀！""快放下武器投降吧，你们的末日来临了！"等等。因为是在清晨，声音传得很远，加之县城地盘又小，所以半个县城都能听见这清脆的喊话声。有时接着响起几声枪声，喊话也就暂停下来，枪声一停，喊话声又起，不时又响起几声冷枪。

这时的巩振寰和葛鳌等人，犹如热锅上的蚂蚁，开始坐卧不安。他俩一早就带着县政府秘书李耀东来到电台室，分别给滕县一专署、兖州霍守义、济南王耀武拍电求援，待下午回电时，均说等候派兵支援，但直至邹城失守，也未见到一个援兵。当巩、葛等人一阵手忙脚乱略微定神后，又自己给自己吃定心丸，还自认为邹城防守是严密的。县城除西门外，其他三个城门已用土袋屯封，城墙高约两丈，城壕一丈余宽，又放满了水，实在是易守难攻。他们以为解放军想打开邹城，谈何容易。

在兵力部署上，巩振寰的县大队和县自卫总队负责东、北城门的把守，保安三旅负责把守城西、南两门，并特别加强了东、西两城门的力量，但守城各部都想保存自己的实力，各打各的小算盘，谁也指挥不了谁。加之武器破旧，军饷供应困难，因此守城士兵精神不振，信心不足。

战斗尚未打响，电台就由县政府内临时搬到了东西大街路南县教育局驻地。该局院内有一老式地下室，上顶系双钢轨支架，水泥顶，认为比较安全。所用电台是美式收发报机，整个电台有10多人，巩振寰派了一个排的兵力作保卫。到下午3点钟左右，只听得邹城上空炮声隆隆，震天动地，省保安三旅和县大队火速迎战。由于解放军炮火猛烈，守城士兵始终被动挨打，乱了阵脚，战斗没进行多长时间，有的就支持不住，开始从城墙上退了下来。就在这炮声最激烈时，葛鳌带警卫兵接连两次来电台地下室躲避。解放军攻城的炮声震耳欲聋，企盼援军无望，看他的样子已是束手无策。当时我们电台人员对他的评价是"胆小""无能""怕死"六个字。此时巩振寰也预料到援军不可能到来，便想突围。这时一发炮弹落在了县城中心北关大街的南首，正好炸在跟着自卫队检查、抢修城防工事的县城内一个保长的身上。接着一连串的炮弹在西门城墙上爆炸了，县城上空炮声隆隆，浓烟滚滚，城墙被轰开了三个大缺口。解放军随即架梯突上城墙，西门城楼上插上了红旗。葛鳌和巩振寰闻西门失守，解放军已进城，一时惊恐万状，不知所措。省保安三旅守卫西门的一个排还在负隅顽抗，在西门里大街上和突入城内的解放军展开了巷战。巩振寰的部队也在县城东门里天主教堂门外抵挡了一阵子，皆因支持不住解放军的猛烈炮火，终于缴枪投降。这时，县政府驻地和电台室也被解放军占领，电台人员有的越墙逃跑，有的躲藏起来，但大部分被俘虏。

巩振寰从东关败退后，匆匆带着警卫孔凡杰向县城东北方向逃去，在仓胡同北首正好和我相遇，巩对我说："快、快回家换衣裳。"看他的样子是想摆脱我。最后，他被解放军追到城东北角，在城墙下的一个暗堡里被击毙。中午他还来电台室，谋划准备天黑突围的事，结果未等到天黑实施他的计划就命归西天了，而且落得全军覆没的可悲下场。那位城防司令葛鳌，也于县城桥上庙街南首通往城墙的马道上，在四下溃逃的国民党乱军中被解放军俘虏。至此，县城全部解放。

我回到家后，也被解放军带走。这时，县城局部还有枪声，路上横躺着一具具尸体。我和其他人被带到西关外美以美会院里，在这里我看到有国民党县党部书记薛玉琨、警察局代局长张应阶等人，都低垂着脑袋坐在地上。周围是荷枪实弹的解放军战士。接着是分批集结，全部俘虏在天黑前离开县城，被带往邹东，每到一站，就释放一批。我是在临沂和当时任县教育局局长的李鹤年等人一块被释放的。

邹县城被打开不久的几天，有蒋机一架，从北方飞临邹城上空，不知是怕挨打还是误投，用降落伞投下了两箱子弹后匆匆离去。子弹箱落在了城隍庙街林家公馆门外，可是雨后送伞，为时已晚了。

（邹县政协文史委员会供稿，张贵卿同志1988年整理。）

老寨山战斗

陈鸿平

1947年年初，国民党进攻我山东解放区。3月24日，国民党整编第十一师占领泗水城，接着对泗南山区进行了扫荡。他们搜罗土匪、反动分子，组织地方反革命武装——还乡团，设立反革命据点，抓丁抢粮，杀害我党我军工作人员及革命家属，他们为控制泗水南部山区占据了老寨山。

老寨山位于泗水城南20华里，济河谷地的中部，在行政区划上属泗水三区（今圣水峪乡）小城子乡，是泗水南部山区的制高点。它东控张庄，南制泗水通往邹县的出山要隘，北依临滋公路，西瞰泗水南部重镇孙徐，是泗南山区的军事重要据点。

1947年3月，我地方党政机关撤退鲁中的时候，便组织了65人的武工队，在队长颜士臣和指导员张树梓的率领下，插回到三区的前峪、黄家庄、冯家庄和吉沃一带，坚持敌后斗争。这样，老寨山就成为国民党反动派向南进攻解放区的前沿阵地，也是镇压革命和维护泗南反动统治的军事堡垒。

老寨山据点上，有张庄镇和小城子乡的还乡团200多人驻守。张庄镇以土匪出身的镇长张显林为头子。张显林系张庄镇蒲峪河人，是大土匪头子原皇协军司令张显荣的弟弟。他在老寨山一带作恶多端，气焰十分嚣张，是一个血债累累的地头蛇。小城子乡乡长陈培勤，是小城子村人，一贯好逸恶劳、仇视革命，是一个鱼肉乡里的大恶棍。

还乡团占据老寨山后，积极配合国民党军清剿解放区，大肆绑架、杀害我革命军民，还经常搜集我方情报，进行反革命宣传，是泗南山区的一大祸害。

随着解放战争的发展，至1947年年底，泗南山区已完全控制在我军手中，为扩大解放区，扫清我军进击泗城的障碍，我党决定拔掉老寨山据点。

老寨山上200多人中，有一贯与我为敌的恶霸地主、土豪劣绅，有被胁迫上山的附近村庄的农民，也有少数被俘的民兵和村干部。为瓦解敌人，我区武工队对敌展开政治攻势，向敌人宣传我党的政策和我军胜利的消息，还利用还乡团的家属、亲戚朋友给他们送信、送传单等。经过宣传，陈学银带领两人从山上带走13支步枪、500多发子弹。冯家庄被胁迫投敌的3名村干部通过家属动员，也带着4个人、11支步枪、300多发子弹回来了。其他也有回家的，也有逃到外地隐蔽起来的，还有专门留在山上为我们送信的。死心塌地与我为敌的只是一些顽固不化的死硬分子。

通过侦察得知：老寨山山势陡峭，易守难攻。山南面和西面是十几丈高的悬崖，各有一条仅能攀登上下的狭缝。东面是一至八九丈高的峭壁，隔一条200多米宽的山涧与东老寨相望，东老寨的西山头比西老寨的东山头高出10多米。北面也是10多丈高的悬崖，有一条200多米长、八九米宽南北走向的鞍形山脊，是登山上下的主要通道，叫回马岭，回马岭光秃秃的，无任何屏障，东西两侧都是几丈高的峭壁，极难攀登。回马岭向南至山根是向西拐的上山斜道，斜道宽两三米，长80多米，东接回马岭，西至老寨山北门，斜道两边全是几丈高的悬崖。山顶南北宽二三百米，东南长约500米。东山头较平，面积较大，西山头面积较小，而地势最高。中间是一片较低的遮洼，整个山顶呈元宝状。山顶四周筑有围墙，东西南北四面都建有大门和碉堡。山上有机枪8挺，冲锋枪1支，步枪180多支，手枪15支，子弹、手榴弹经常得到泗城国民党七十二师的补给，比较充足。山上人员有：小城子乡队7人，乡公所勤杂人员8人，驻在中部遮洼的5间屋内。张庄镇8个小队又3个班160多人，勤杂人员10多人，驻在东西山头。山上武装力量以张显林部为骨干。

1948年2月初，我鲁南军医十六团独立营接受了攻打老寨山的任务。2月12日，独立营教导员王世英在蒋家庄召开了有独立营排以上干部、泗水县大队领导和三区武工队指导员张树梓参加的联席军事会议。会上张树梓报告了山上的情况，王世英传达了作战部署。进攻时间选在2月14日，即农历正月初五。按封建惯例，正月初五是兵家忌日，不是出兵打仗的日子，因而敌人警惕性不高，没有任何准备。部队安排是：独立营300多人负责主攻，先隐蔽在张庄一带，同时由张庄沿济河向西打，进而包围老寨山，然后从回马岭进攻；泗水县大队80多人，部署在山北刘家寨、三山口一线警戒，以阻击泗城方面来援之敌，并堵截向北逃跑之敌；三区武工队40多人由张树梓率领，部署在山西北孙徐、白仲泉和露金沟一线，以堵截向西逃跑之敌；小城子乡武工队16人，由队长陈培聚带领附近村庄的老百姓300多人，在山南安德村集合，待战斗结束后，拆掉山上一切设施。另外，命山上我内线人员尽量动员还乡团下山拜年走亲戚或喝酒赌博等，以削弱其力量。

2月14日上午10时，教导员王世英率部由张庄一带沿济河两岸向西挺进，直插山后刘家寨并迅速包围老寨山。与此同时，县大队、三区武工队、小城子乡武工队都分别到达指定的战斗位置。

此时，山上的敌人乱成一团，老奸巨猾的张显林急忙调遣山上的兵力，六队队长陈学志带两个小队，两挺机枪及40多支步枪，并派小城子乡队共同重点防守北门，傅培军班和张显恩小队控制西山头制高点炮楼。刘宗岱小队守南门。大队长宫兆玉、苏家村保长刘恩红带2个小队和1个班守东门。张显林、张庄镇副镇长会成玉各带其卫兵小队及1个班在东山头营房居中策应。

下午2点，我军发起攻击。用安放在山北小能山上的迫击炮轰击老寨山顶，我军一个排在轻重机枪的掩护下攻上回马岭，向北门发起冲锋。北门两座炮楼及围墙内的还乡团凭借有利地形，居高临下交织成一面强烈的火力网，暴雨般倾泻下来的子弹掀起的泥土和初春的残雪形成的迷雾，弥漫在回马岭和斜道上，把我冲锋部队压在拐弯处的两条小石坝下面，我军第一次冲锋未能奏效。激烈的枪声停止下来，我军王教导员和周连长率一个排从回马岭东侧攀登上去，与第一次冲锋部队会合，组织再次冲锋。半小时后，我军号长曹彭再次吹响冲锋号，周连长在前带队由斜道冲向北门。山上还乡团拼命阻击，周连长牺牲，号长曹彭小腹受伤，我军又有十几人伤亡，第二次冲锋仍未成功。老寨山出现暴风雨前的寂静。

两次进攻受阻，几十名同志伤亡，更激起战士们的阶级仇恨，号长曹彭同志咬牙坚持，誓死不下火线。战士们摩拳擦掌，发誓一定攻下老寨山，为死难的同志报仇。指挥员王世英紧绷着脸，把部队交给张连长带领，亲率一排战士发起冲锋。王世英身先士卒，手执指挥旗冲向斜道，我军机枪步枪一齐向北门炮楼和围墙射出，还乡团的火力一时被压了下去。但当我军接近北门时，山上的机枪步枪又疯狂地吼叫起来，暴风雨般的子弹泼在斜道上，王世英同志为人民献出了年轻的生命，号长曹彭同志头部中弹牺牲，又有十几名战士倒下。鲜血染红了回马岭，我军第三次冲锋失利。

占据北孙徐的还乡团仲都乡队，由队长魏玉喜带领向东增援老寨山，在北孙徐和白仲泉之间被我军截击，魏玉喜被击毙，残兵退回北孙徐，再不敢出动。

下午5点，阴霾的天色渐近黄昏，我军代理指挥员张连长总结教训、调整部署，把主攻方向改在老寨山东面，从较低的崖壁上搭云梯强攻，留一部分部队在回马岭佯攻。另外派一个班带1门迫击炮、2挺重机枪和2挺轻机枪，占领东老寨西山头制高点，隔涧向老寨山东头据点射击。

6时左右，我军部署完毕，开始发起进攻，霎时间，我军枪炮齐鸣，东门炮楼及围墙被我迫击炮击中倒塌，炮楼内还乡团亦死伤过半。宫兆玉派刘恩红据围墙死守，自己躲进东山头营房。我军趁围墙内还乡团被火力压制不能抬头之机，从东北角攀登而上，随着嘹亮的冲锋号声，我军冲进围墙与还乡团短兵相接，小队长刘恩红逃走。这群为非作歹的土匪在我们的强大攻势面前，有的逃窜，有的缴械投降。

东山头营房里，惊魂未定的张显林、会成玉、宫兆玉、刘恩红准备利用营房负隅顽抗，还未及调集兵力，进行部署时，追击的解放军已经进入营房区，他们便急忙向西逃窜。

防守北门的陈培勤和陈学志见解放军始终未能攻破北门，正在得意忘形的时候，从东山头上败下来的刘帆逃至北门说："东边攻上来了，快跑啊！"正在兴头上的陈学志不相信解放军能攻上山来，便气势汹汹地说："滚你妈的蛋！"并从地上拾起一块石头砸在刘帆肩上，刘帆逃向西门。

张显林一群人由东山头向西逃，在遮洼处，汉夫村保长陈广林被击毙。接着我军打了3发红色信号弹，分兵进攻北门和西山头炮楼。这时西山头和北门的还乡团已清醒过来，有的从西山头黄洞狭缝中攀援而下，在夜幕中逃脱，有的仍负隅顽抗。陈培勤小腹被打中，疼得满地打滚，求其护兵宋奎彬说："你给我一枪吧，别再活受罪了。"而急于逃命的宋奎彬说："我跟你多年，怎能打死你呢！"便丢下他逃走了。

据守西山头的张显恩和博培军已被我军围住，一阵机枪过后，傅培军及部分还乡团被打死，剩余的缴械投降，张显恩逃走。紧接着我军居高临下直逼北门，北门还乡团见腹背受敌，自知在此死守无望，便一窝蜂似的拥出北门，企图从回马岭夺路而逃。我佯攻北门的部队早已停止进攻，把枪口瞄准回马岭和斜道，准备消灭逃跑的敌人。敌人涌出北门后，被我军一阵扫射，丢下满地尸体又退回门里。我军尾追上来，同山上冲下来的部队形成合围之势。陈培勤被我军打死，机枪手岳绪考在逃跑时被击毙，众匪兵见大势已去，纷纷举手投降。

在安德待命的300多群众在陈培聚同志的带领下迅速上山，拆除并烧毁了炮楼、围墙、木栅等一切设施。战斗全部结束。

这次战斗，共击毙陈培勤、傅培军、刘宗岱等还乡团近百人，俘虏百余人，缴获机枪2挺、冲锋枪1支、步枪100多支、子弹10000多发和一部分手榴弹。遗憾的是匪首张显林逃脱，小城子乡乡长张彦栋漏网。

我军伤亡67人，营教导员王世英同志、周连长光荣牺牲。

从此拔除了敌人在老寨山的据点，解放区一下子扩展到泗水城下，困守在孤城内的敌人只有束手待毙了。

（此材料根据陈培聚、陈中全等同志口述整理。）

攻打东大营纪略

——兖州战役外围战片段之一

李振生　口述

申登麟　整理

1948年夏，华东野战军山东兵团发起了津浦路中段（济南—徐州）攻势作战，著名的兖州战役就是这次军事行动的主要部分。当时，我们鲁纵奉命参加了这次战役。

那时，我在鲁纵四团一营担任教导员，营长是王三彩，副营长孙传勋。我营辖三个步兵连和一个机炮连。一连连长仕学忠，指导员冯宝珠，副连长张启礼；二连连长王贵武，指导员陈迺贤，副指导员赵瑞海；三连连长程××，指导员范奎升，副指导员冯志贞；机炮连连长刘志刚，指导员李振海，副连长毕方利。

　　在兖州战役之前，我们这支部队于同年4月参加过著名的昌潍战役；5月，挥师南下，向兖州进发。途经泰安时，召开了营以上干部大会。会上，首长高瞻远瞩地分析了当时全国及山东战局的大好形势：自1948年以来，蒋军在我军的沉重打击下，已由"全面防御"转入"重点防御"，企图以精锐部队为核心，兵力靠拢，猬集一团，固守战略重要点线。但是，由于我军积极主动地进攻，致使蒋军被动挨打，迭遭失败。因而，敌人士气低落，军心动摇。在山东境内，我华东野战军山东兵团，在许世友、谭震林等首长领导下，已收复了绝大部分土地，占领了胶济铁路，迫使敌人不得不收缩到津浦路中段及青岛、临沂几个城市中，妄图进行垂死挣扎。

　　会上，首长对我军攻打兖州的意义和部署作了较详尽的讲述：为配合外线兵团的开封、睢杞战役（豫东战役），我山东兵团主动发起了津浦路中段攻势作战。兖州坐落在济南至徐州之间的津浦线上，素有"鲁西南门户"之称。从这里可以南下徐（州）蚌（埠），北取济南，东窥沂蒙，西瞰济（宁）菏（泽），从古到今都是兵家必争之地。对这次战役，我军将采取"围城打援"的战略，力图引诱济南、徐州的敌军赶来增援，以便在途中将其消灭；然后，再一举攻下兖州，拔掉山东腹地的这颗"钉子"，切断济南、徐州之敌的联系，使困守济南的敌人更加孤立，成为瓮中之鳖，进而将其全歼，以达整个山东彻底解放的目的。

　　同时，首长还指出了兖州战役的胜利条件：在政治上，我军受到广大人民群众的拥护和支持，所到之处，箪食壶浆，结队相迎；我军经过"诉苦""三查"的新式整军运动，大大提高了思想觉悟，士气高昂，对解放战争充满了必胜信心。在军事上，我们编制健全，兵强马壮，粮弹充足，而且拥有相当数量的重型武器，具备了打攻坚战的经验和能力。而敌军兵力、物力不足，其"重点防御"实际上已成为孤军作战。总之，我们已由劣势变为优势。

我们营领导根据首长的指示，在团政治处副主任王安居同志的帮助下，向全营指战员传达了会议精神，并做了政治动员。同志们听说我军要攻打兖州，都喜形于色，摩拳擦掌，纷纷表决心，写请战书，申请当突击队员、爆破手……总之，都要求给予最艰苦的战斗任务。各连、排、班还相互开展了挑应战活动，全营群情沸腾，斗志昂扬。同时，我们根据敌情、地形进行了严格紧张的射击、投弹、架桥、竖梯、爆破等一系列实战演习，并召开各种形式的军事民主会，研究了一些具体打法，以进一步提高全体指战员的战术和技术水平，为战争的胜利打下牢固的基础。

6月中旬，我营抵达兖州城北。这时，兖州内外已被敌人进行了精心布防，戒备森严。砖砌的城墙高约10米，城外有一条宽约10米的护城河，河两岸设有密集的鹿寨、梅花桩、铁丝网等障碍。城郊琉璃厂、豆腐店至旧关一带，构筑有地堡、碉堡等防御工事。据了解：敌人在护城河两岸还设置了许多挂雷、拉雷、地雷；城头到城脚有三层绵密交叉火力网；火车站配有铁甲车，可以随时出动，以火力封锁我前沿阵地，并支援其城东、城北的各据点；城内外驻有敌十二军和保安部队共28000余人。

我们受领的战斗任务是攻打敌人的"东大营"。东大营俗称"东营园子"，位于城东北郊，原飞机场南侧，东临泗河，西靠津浦铁路，北面是一大片开阔地。敌人把它看成护卫火车站和东城防线的重要屏障。敌军经过几年煞费苦心的经营，除将日伪遗留的工事进一步加固外，又增添了许多新的军事设施：砖石垒砌的高大碉堡有四五个，大碉堡周围还有数不清的小地堡，碉堡之间由砖石厚墙相连，墙外挖有壕沟，沟两岸设有鹿寨、铁丝网、挂雷、拉雷、地雷等，沟底插了许多尖利的竹扦子……因此，东大营是个易守难攻的敌巢。敌军在此放有一个团的兵力把守。他们凭恃着深沟高垒的阵地，凭恃着空中飞机、城内炮火和铁甲车的掩护，自认为牢不可破，足以同我们抗衡。

7月初，激战开始。在兄弟营攻下琉璃厂、豆腐店等据点后，我营便移师琉璃厂村东，在东大营以北二三里处进入阵地，乘夜挖掘地道。当时正值暑天雨季，气候炎热，虫叮蚊咬。大家对此全然不顾，一心想的是早日挖到东大营，解决这个敌据点。可最使人头疼的是，一阵雷雨过后，坑道里灌满了水，给继续作业带来很大困难。但同志们并没有被难倒，一面想法排水，一面泡在壕沟里继续挖掘，汗水和着泥水，不少人下身都泡得发白肿胀。真是"世上无难事，只要肯登攀"，经过几夜艰苦奋战，一条深1.5米、宽1米的战壕，就顺着泗河大堤迅速往南延伸，逐渐接近了东大营。

当我们的这一军事行动被敌人发觉后，他们又怕又恼，如坐针毡，并绞尽脑汁作困兽之斗。他们不分昼夜地向我们打枪开炮；派飞机多次赶来助威，夜间还投掷照明弹，有时杂以燃烧弹；城内的敌军也不断朝我们打炮；铁甲车也多次出动，对我们的坑道作业进行干扰。东大营的守敌还采取"以攻为守"的策略，多次派遣小股兵力向我营阵地进行出击，企图阻止我们前进。

7月10日中午，敌军约一个连的兵力悄悄离开了"乌龟壳"，对我营进行突然袭击。当我们发觉时，情况已十分危急：他们已冲出碉堡群100多米，其前锋已进入了我们的坑道，疯狗似的扑来。不多时，他们几乎就要接近我们的山炮阵地了。在这千钧一发的时刻，副营长孙传勋立即带领二连迎上去，对敌进行反攻。三排长孙全欣急中生智，用篮子装上十几枚手榴弹，同十一班班长朱文一起，带领全班同志奋不顾身地冲上去，给来犯之敌以猛烈还击。鲁纵"前指"特为我营配备的山炮班全体同志，也迅速进入阵地，采取各种方式狠狠打击敌人。他们深知这两门重型武器来之不易，下决心"人在炮在阵地在，誓与山炮共存亡"！三连副指导员冯志贞见情况紧急，也带着一个排冲上火线，同二连的同志并肩战斗。他们将手榴弹成排地投向敌人，将枪弹雨点般地射向敌人……整个前沿阵地，顿时打成一片火海。

双方经过一个多小时的激战，终于以我胜敌败而结束。敌方伤亡惨重，侥幸活命的都连滚带爬逃回了巢穴。在这次战斗中，我方也付出了沉重代价，副营长孙传勋，二连连长王贵武负伤，曾荣获"一等功臣"称号的李子兰牺牲，此外还有10多名战士伤亡。

东大营之敌受到这次惩罚后，再也没敢离开"乌龟壳"。经此一战，我们也更加提高警惕，加强戒备了。由于前沿阵地易于暴露目标，为了减少伤亡，更好地监视敌人，我们就采取白天不换岗的办法来对付敌人。二连七班班长李树叶，为坚守岗位，观察敌情，曾带领全班在前沿阵地齐腰深的水里，不怕炎热酷暑，荷枪实弹，百倍警惕地注视着敌军的动向，终于圆满地完成了任务。为此，他本人荣获二等功，全班荣获集体功。

7月11日，那是我军向兖州守敌发起总攻的前一天。二连三排十二班班长、军区爆破模范郭凤鸣同志，在前沿阵地上徘徊，观察着地形和敌军的火力配系，心中考虑着爆破的最佳方案。突然，一阵枪响，敌人发现了他的行动，并向他开枪射击。起初，他的胳膊中弹了，随即又身中数弹，竟被夺去了年轻的生命。消息传来，大家都很悲痛。我至今仍记得，他是山东省安丘县人，战斗中英勇机智，在爆破方面很有一套办法，曾多次立功受奖，牺牲时年仅24岁。真是"壮志未酬身先死"！他的牺牲使全营指战员对敌人更加仇恨，纷纷表示：血债要用血来还，坚决攻克兖州城，为死难烈士报仇！

向敌人发起总攻的时刻终于到来了。7月12日傍晚，我军几颗红色信号弹腾空而起，接着大炮轰鸣，机枪呼啸，地动山摇。当时，我鲁纵连同七纵、十三纵主力，从四面八方以摧枯拉朽之势、雷霆万钧之力向兖州守敌进行了猛攻。

为配合主力部队攻城，我营也积极组织兵力对东大营发动了猛烈攻击。那时，我们以一连为突击连，二连为第二梯队，三连为预备队，突破口选定在东北角。

下午5点多钟，一连开始向前运动。为掩护部队突击，我营的山炮、六〇炮、机枪、步枪等全部武器一齐开火，那绵密炽盛的火力，似电闪雷鸣、暴风骤雨。瞬间，敌方那一个个高大的碉堡烟扬火闪、砖石横飞。各种火力点都成了哑巴。有光荣革命传统和实战经验的一连指战员，抓住有利时机一跃而起，像猛虎下山一样，迅猛地向东大营冲去。他们很快就冲到了敌碉堡群外的壕沟北岸。这时，一个出乎意料的难题出现了：壕沟宽、深各3米多；里面埋有许多地雷，栽竖着许多尖头竹扦；从懵懂中清醒过来的敌人，又以越来越密集的枪弹向突击队猛射。致使一连一时无法通过，受阻于壕沟外。在这时间就是生命，时间就是胜利的分分秒秒里，这种情况真使人心急火燎！

一连是原鲁中军区的特务连，一向英勇顽强，能攻善战。连长仕学忠面对逆境，沉着冷静，一面组织部队向敌人还击，一面下令将事先准备好的木梯传递过去。勇士们以梯代桥，在我方炮火的有力掩护下，前仆后继，以"宁可前进一步死，绝不后退半步生"的革命英雄主义精神，硬是越过了壕沟，突进了敌人的阵地。

接着，一连就乘胜向纵深发展。忽然，一个意外的情况又发生了：敌军一些低矮锦密的交叉火力，很快形成了一片火海，使我冲进去的同志大批伤亡。对此，仕连长悲愤交加。使他困惑不解的是：敌碉堡已被我们打得千疮百孔，预先侦察到的火力点早就被摧毁或者控制住了，这鬼火力究竟来自何处？对此，他心中焦急，感觉蹊跷。不多时，他便想出了侦察这一情况的办法。他命令突击队的轻重武器一起开火，同时，他从隐蔽处一跃而起，站在高处对敌情仔细观察。敌人以为我们就要向他们发起冲锋了，便使出全身解数，拼命进行还击。当时，通信员急忙上前拉住仕连长的手，说："连长，这太危险了！"仕学忠同志不顾个人安危用力推开他的手，说："不要管我，这是什么时候啊！"

情况终于弄明白了：原来敌人的大碉堡周围，在鹿寨的掩蔽下，还隐藏着许多低矮的暗堡，此时正是它们在阴暗的角落里，凶狠地向外喷吐着火舌。真是狡兔三窟，十二军为防守东大营真可谓费尽心机了。仕连长针对这种情况采取了果断措施，下令突击队化整为零，两三人一组，用炸药包、手榴弹摧毁敌人的暗堡。战士们在连长的指挥下，迅速行动起来。他们在夜幕掩护下，摸、爬、滚、打，迂回曲折，虚实兼用，机智顽强，发扬了我军"攻必克，战必胜"的光荣传统，不多时就把敌人赖以存身的"鼠洞"解决了大部分。

敌人深知东大营在军事上的重要位置，它像一面"盾牌"似的护卫着火车站。如果此处被我军攻克，他们不仅腹背受敌，而且也断绝了逃跑的去路。因此，敌人竭尽全力拼命死守，双方展开了激烈的鏖战，打得难分难解，一时进入了胶着状态。

夜里11点多钟，正当一连越战越勇，决心要彻底摧毁东大营之时，忽然一颗子弹飞来，打中了仕连长的前额，他当即昏倒在地。随后，他被抬了下来，送到了后方医院。

与此同时，副连长张启礼同志也被炮弹的轰炸巨响震得失去了听觉。

鉴于这种情况，营指挥部立即下令二连投入战斗。激战仍持续进行着。

在这当儿，营部接到上级指示，大意是：我七纵、十三纵主力部队已在西面突破成功，进入城内，现正对敌人进行穿插分割，展开巷战。你营在辅攻中已较好地完成了任务，要巩固现有阵地，牵制并防止敌人向北逃窜。

根据上级的指示，营指挥部立即命令一连、二连变换打法，就地构筑工事。此时，敌人的兵力也向后进行了收缩。因此，双方形成了短暂的对峙局面。

13日下午4时，敌人像丧家之犬溜出巢穴，随城内溃军仓皇向南逃窜。紧接着，我们占领了东大营，并配合主力进行了英勇的追击。

艰苦卓绝的东大营攻坚战，作为兖州战役的一个组成部分，伴随着兖州城的彻底解放，至此已胜利结束。

7月14日上午，我营奉命北进。路上我心潮起伏，悲喜交集：喜的是战果辉煌，古老的兖州得到了新生；悲的是，队伍里许多熟悉的面孔不见了——我营在攻打东大营的战斗中有200余人流出了殷红的鲜血。他们有的受伤住进了医院，有的已壮烈捐躯，永远在兖州大地上长眠了！我清楚地记得，全营战斗力最强的第一连，当时仅仅剩下18个人。兖州的一片热土啊，永远与我营有着血肉相连的深厚情谊。

注：①李振生同志系山东省安丘县人，1939年参加革命，抗日战争时期做过地下工作，曾任安丘县高崖区区长、区委书记等职；解放战争时期回部队工作，先后担任营教导员、师组织科科长、团政委、师政治部主任等职。1964年从部队转业后，历任浙江省委财贸政治部副主任、省基建局副局长、省测绘局副局长。

②本文在搜集材料时，曾得到仕学忠、张奎东、赵瑞海等同志的帮助，在此一并致谢。

| 第三章 |

兖州见闻

我在兖州被围后的见闻

张庆仁

　　1948年夏，兖州战役期间，我正在城内韦园小学读书。6月初，国民党宪兵营进驻学校，学校被迫停课。我们农村的学生本想出城回家，可是宪兵营营长借口怕我们出城与解放军通风报信，泄露军情，不准我们离开。我因学校不上课，无所事事，便时常到中御桥南姑母家吃住或帮着做些零活。因而兖州城被解放军包围及城内蒋军的情况得以耳闻目睹，现将尚能记得的几件事回忆如下：

一

素有"九省通衢，齐鲁咽喉"之称的兖州城为历代兵家必争之地。古老的府城，砖砌城墙高约10米、厚5至6米。城外护城河宽约10米，水深2至4米，跟泗河相连接。解放军逼近城郊前后，国民党守军即抓民夫将所有城门封闭，并在城墙上修筑了坚固的防御工事。护城河至城墙之间布满了铁蒺藜、铁丝网、鹿寨等障碍物。这些障碍物上挂着许多吊雷，下面埋有许多地雷。河边、城脚还修筑了许多暗堡、碉堡。蒋军的防御体系曾被他们自己视为固若金汤。

二

在兖州战役期间，国民党第十绥靖区司令官李玉堂为了抵御解放军的进攻，曾收罗豢养了一批无极道徒。在6月下旬的一天凌晨，这一伙亡命之徒，先设坛烧香、磕头念咒、请体儿、喝"符"，又练了一番气功，便赤膊上阵了。这帮家伙自认为刀枪不入，所向无敌，趾高气扬地打着杏黄旗、太极图旗，背着大刀、扛着长矛，从中御桥南街出南门欲与解放军较量，妄想旗开得胜，立下汗马功劳。然而，他们出城跟解放军一接触，一个个便被打得丢盔卸甲。一阵枪声过后，不到半小时，我便看到一副副担架抬着30个血肉模糊的无极道徒送往军医院，后边还跟着一些一瘸一拐的轻伤号。

当时我想：这些人不是喝了"符"刀枪不入吗？佛法无边的作用哪里去了呢？很显然，他们那一套纯粹是自欺欺人的鬼把戏。

三

自从宪兵营进驻学校，把住校学生赶到东南院后，我们再也没有过过一个平静的夜晚。每到傍晚，宪兵们就倾巢出动，四处搜寻，发现哪里有信号弹升起，即去搜捕。遇有行人不问青红皂白便抓到学校审讯，严刑拷打。几乎夜夜都能听到宪兵的怒吼声，受刑人的惨叫声和呻吟声。有时还将所谓"嫌疑犯"吊在篮球架上用皮鞭毒打。有时宪兵们还敲山震虎地对学生说："今天晚上又把两个打信号弹的活埋到城隍庙后了！"在敌人行将灭亡之际，他们变本加厉地残害无辜的人民群众，真是令人发指。

可是7月12日晚上，宪兵们的嚣张气焰不见了。他们忙着撤退，乱作一团。13日凌晨，所有宪兵都已离校出走。我们到西院各屋里一看，满地都是书报烂纸、被褥衣物，桌子上还有枪支、子弹、钞票，杯盘狼藉，一派混乱情景，充分显现了他们败退时的狼狈像。

四

在解放军围攻兖州城的日子里，城内居民已摸出一条规律：每天夜幕笼罩大地之前，蒋军向城外炮轰一阵，人们并不需要隐蔽。天黑以后，城外的解放军就往城里打炮，蒋军们龟缩在工事里，不敢妄动。老百姓也需要进地洞隐蔽，否则将会招致误伤。白天一般较为平静，商店照常营业，街上行人来往不断。

7月12日下午，炎夏西斜的骄阳，强烈地炙烤着兖州古城，大地一片沉寂。可是这天一反常态，城内守军显得异常紧张。下午5点多钟，一阵炮声从西城轰然而起。紧接着，枪声、手榴弹的爆炸声，一片轰鸣，浓烟滚滚。城内蒋军顿时惊慌起来，陷入了极端的混乱状态。这时，我马上从姑母家顺着墙根溜回学校，爬进地洞，隐蔽起来。我在地洞里听到宪兵们说：西城的城楼、城墙被炸毁。约两小时后，又听他们说：八路军打进来啦。一霎，就听到他们撤退出走的声响。整整一夜，隆隆的炮声、啪啪的枪声、嗖嗖的飞子声未曾稍停。13日清晨，解放军已占领了西半城。中午，一群惊慌失措的蒋军面临覆灭的命运，仍企图负隅顽抗。他们强迫学生抬出大米包，垛在学校门外作掩体，架起重机枪，向西胡乱射击，一排子弹未打完，就丢下阵地向东逃窜了。随后不久，一队戴红袖章的解放军进入学校，经过一番搜查后，便在校门口设了警戒岗哨。因为学校里尚存有蒋军遗弃的军用物资，需要看守保护。13日下午5点半钟，兖州战役胜利结束。晚上，全城寂静无声，得到解放的兖州人民怀着喜悦的心情进入了甜美的梦乡。

（1989年7月1日）

我在兖州解放前后的一段工作

封振武

兖州是山东境内的一座重要城镇，在军事上是个战略要地，古代就是兵家必争之地。日军侵入山东后，在兖州驻有重兵防守，不断地向我根据地"扫荡"；解放战争时期，国民党反动派也屯兵于此，经常向我根据地骚扰、进攻，对我鲁南、鲁中、鲁西及苏鲁豫根据地危害很大。

日本投降后，蒋介石派出大批军队，到解放区抢夺胜利果实。他给日军下达命令：不准向人民抗日军队投降缴械，否则，不予遣返回国；并电令，将各地伪军一律改编为"中央军"。于是一夜之间，各地伪军都扯下了太阳旗，打起了青天白日旗，都挂起了"中央军"的"招牌"。

原伪三方面军吴化文部，被蒋介石改编为"中央军"第五路军，吴为总司令。蒋急令吴化文从敌巢徐州北上，迅速抢占山东省城济南。我山东抗日军队只知吴化文部是地地道道的伪军，吴是日伪的反共健将，我们理所当然地与其继续作战。在吴化文部出徐州北犯，进入滕县地区我军设下的"布袋"里时，被我击溃，生俘其旅长于怀安以下4000余人。吴化文率领残兵败将窜入兖州城，龟缩固守，不敢北进济南，未能完成其主子蒋介石交给他的任务。吴便在兖州继续招兵买马，扩充势力，与我军顽抗。

1945年12月30日，我军第一次解放曲阜县城，鲁南一地委、专署等机关移驻曲阜城里。1947年4月，蒋介石对我山东解放区发动"重点进攻"，我山东驻军按照党中央、毛主席的"十大军事原则"，主动放弃曲阜县城。

我是1946年6月到达曲阜县城的。那时，是鲁中军区第二军分区司令员，曲阜归鲁南军区所辖。当时，按山东军区的整体部署，调我军分区部队来曲阜，对兖州实行军事包围，掩护兖州周围解放区的我党、政机关开展工作。那时，我们军分区一分为二，由我带领司、政、后少数人员组成前方指挥部，并带有一个警卫连和两个团的兵力。机关人员和警卫连驻曲阜县城内，两个团驻曲阜以西靠近兖州一带，以监视兖州之敌。

1946年7月，中共中央华东局派来一位李参谋，带着一部电台，同吴化文的原旅长于怀安和郝鹏举的副司令毕舒贤来到曲阜县城。李参谋向我口头传达了上级给我的任务："保证电台和所有人员的安全，特别是于、毕两人的安全。生活上要给以特殊照顾，协助李参谋完成工作任务。"李参谋向我透露：他是奉命来做吴化文的工作的；领来于、毕两人是准备进城去见吴化文或让吴派代表来与于、毕会面。住了五六天，我派便衣武装将李参谋护送至兖州城附近，让其化装只身进入兖州城。李在城里住了一夜，次日返回曲阜。据李参谋与我讲：他见到了吴化文，用的暗语是"我是从南京冯先生那里来的；我是周先生的人（冯是冯玉祥，周是周恩来）"。吴化文听后，表情有些紧张，但对他殷勤招待，只是左顾右盼而言他。不多时，吴即派人将他领到吴的公馆下榻，并有专人陪同，每餐都是佳肴美酒，就是不谈正题。李参谋要求陪他的人向吴化文转达：再见吴一面就走，不能久留。陪他的人说：吴工作很忙，实在难抽空会见先生。又说：吴的周围有很多蒋派来的特工人员，是专门监视吴的，故吴不便与先生接洽，请多多原谅，后会有期。并传吴的话说："我一定听从冯先生和周先生的指教，并请向贵军上峰转达此意。"李参谋见工作不能进行，就告辞了。吴即派专人将他护送出城，一直送到我军警戒区，我派人把他接回。李参谋并说：吴化文是周恩来同志在南京通过冯玉祥建立的"关系"，吴化文在南京亲自拜见过周恩来。李最后对我再三嘱咐：此情况一定不要向任何人讲，对你的上级也不能讲。我是很懂得这种保密纪律的，故长期守口如瓶，直至今天，才写出此事。

1948年6月11日，我军第二次解放曲阜县城。7月，鲁中军区、滨海军区、鲁南军区合并为鲁中南军区，下辖7个军分区，原鲁中军区第二军分区改为鲁中南军区第二军分区，我仍任军分区司令员。

这时，我又奉命带军分区一部分机关人员组成前方指挥部。同时带两个团（三、六团）于6月下旬来到曲阜县城。鲁中南军区司令员兼政委傅秋涛和副司令员张光中于7月初亲临曲阜县城，当面交代我来曲阜的任务，他们说：华东局根据党中央、毛主席的战略反攻计划，为夺取济南、徐州两大城市，必须首先解放战略要地兖州；解放后还要长期占领。我鲁中南军区根据这一指示做了全面的计划和部署，已准备调集大批地方基干武装，配合主力包围、攻打兖州城。攻下兖州后，一切党政军工作完全由我区负责。给我的任务是："配合主力对兖州进行包围，扫清兖州外围据点，做好攻城准备。"

兖州城内驻有国民党军第十绥靖区司令部和霍守义的十二军，连敌保安部队约有3万多人。敌人凭借其坚固工事，企图与我军顽抗。但这时我军已将兖州城之敌重重包围，7月11日前已将城外敌据点碉堡全部扫清，敌人已成瓮中之鳖。我攻城部队已逼近城下，且攻城工事已备，攻下兖州城的胜券已操我手，城西面为我主攻方向，由"华野"山东兵团七纵担任主攻，十三纵在城东面和北面担任助攻，地方基干部队担任佯攻。我们的两个团（三、六团）在城北两端、七纵与十三纵之间担任佯攻。7月10日晚，傅秋涛将我叫到十三纵指挥所驻地西北店，研究解放兖州后的入城工作。首长对我做了具体、详细的指示，并说："兖州解放后即成立兖州卫戍司令部，你为司令员，市委书记冯起兼政委，高斌代理参谋长（高于10月到职），刘少傥任政治部主任（刘始终未到职），到时按此执行，不另行文。"

7月12日晚，我军对驻守兖州城之敌发起总攻。我攻城主力军如饿虎扑食，一鼓作气，经不到一昼夜的激烈战斗，于13日下午解放了兖州城。共歼敌2.8万多人，除敌绥靖区司令李玉堂化装逃走外，活捉敌十二军军长霍守义以下官兵近两万人。

我于7月13日晚入城后，立即成立了兖州卫戍司令部，我为司令员，市委书记冯起兼政委；并经鲁中南区党委决定，组建了兖州市委、市政府。我与冯起同志、公安局局长朱立权立即开了个碰头会，我将傅秋涛同志的指示简要地向他们做了传达，共同研究了必须马上做的几项工作：打扫战场；掩埋尸体；清除危险物；清查户口；搜剿残敌；救济灾民。

14日，我们用兖州卫戍司令部的名义在城内大街小巷及附近村庄张贴布告。布告是事先印好，经过傅秋涛同志亲自审阅、修改的。其内容主要是：约法三章、城市政策、对敌党政军人员的政策、防空办法和防空纪律等。这个布告起了安定民心、瓦解敌人的重要作用。隐蔽下的敌军政人员看了布告后，络绎不绝地来我市政府、公安局、军队自首登记。

进城后，我面请七纵二十师两个团帮助我们在全城进行了一次大清查，至17日城内治安、市面秩序基本上稳定了，夜间在城内外打枪、打信号弹的不见了；商店也陆续开门营业；市民和城外村民进城出城的除了可疑者外一般不再盘查了。唯7月18日七纵部队全部离城后，城外100余名村民曾由西北角城墙爬入城内，抢捡敌人遗物，并有个别村民闯入市民家中，强拿群众的东西。我们闻讯后，立即派部队配合党政干部和公安人员赶到现场劝说。经宣传党的政策和城市治安纪律后，很快被制止了，并且以后再未发现这种紊乱现象。

之后，上级又派来一些领导干部加强兖州的城市工作。如华东局城市接管委员会副主任冯平和与李丰平等同志带领一批工作人员于14日陆续进城办公；鲁中南军区首长傅秋涛、张光中也亲自到兖州视察工作，并做了许多具体指示。兖州城市工作在解放不久能得到很快的、有秩序的发展，是与主力部队的大力协助和各级党政军领导同志的关怀和具体指导分不开的。

后来，我的主要任务是担任剿匪工作。上级划归我们的剿匪地区包括：兖州、汶上、宁阳、济宁、济北、曲阜、邹县、凫山。兵力部署是：三团、五团、十六团、二十一团和各县地方武装，归我统一指挥。限期3个月（8月中旬至11月中旬）完成剿匪任务，做到彻底肃清残匪，确保兖州社会治安，并控制运河沿岸地带。军区首长傅秋涛亲自向我做了剿匪工作的具体指示，提出明确要求，如计划、部署、政策及注意事项等。8月10日，我在兖州召开了县团级党政军负责干部会议，传达了上级的指示和要求，并提出：部队和地方干部要在卫戍司令部的统一指挥下，密切协作，严格执行三大纪律八项注意，按期完成剿匪任务。同时提出防止三种倾向：一是轻敌思想，以为阳沟里翻不了船；二是畏难情绪，认为土匪已打散了，找不到，打不着，他们有"群众"基础，隐蔽深，不易剿灭；三是注意团结协作，防止部队和部队之间、地方和部队之间不协调，闹宗派，遇事互相埋怨，推卸责任。会开了一天，所有到会干部都表示：坚决遵照上级指示，按期完成剿匪任务。

经过6次统一行动的大清剿，至9月25日，兖州战役中溃散的残余匪特，基本上被歼灭了。至9月底共捕获匪特1525人，并缴获大批战利品；经瓦解工作，还争取了135人投案自首，并交出轻机枪4挺，长、短枪19支。

我们的主要经验有四条：一靠党的领导；二靠正确的政策和严格的纪律；三靠上下左右团结一致；四靠干部战士较高的政治思想觉悟。在剿匪过程中出现了很多好人好事。在部队刚进城时，敌人的遗物堆积如山，尤其城东门里衣物塞街堵巷，而我们的指战员有的衣破露体，也不去换一件。如卫戍司令部警卫连，从井内打捞出一个皮包，内有上海某金店480两黄金的存单，立即交公。又如三团三营直属班副班长，从敌人遗留的一双皮鞋里搜出5个金戒指和3个金镯子自动交公。上述两例都受到了华东局财办的通令嘉奖；兖州卫戍司令部、政治部也给予了通令表扬，并为之各记二等功一次。

8月初，兖州卫戍司令部奉命撤销，新组建了兖（州）济（宁）警备区司令部，我为司令员，济宁市委书记韩去非兼政委，高斌任参谋长（这时高斌才到职）。我完成剿匪任务后，带领机关和三团于10月由兖州到济宁工作。

以上是我在兖州解放前后的一段工作经历。因时间较长，又加我年老记忆力衰退，难免有错讹。幸有当时的工作日记，又查阅了有关资料，如有不当之处，请同志们提出意见，以便修正。对吴化文进行工作一事，我不是直接参与者，是听别人向我讲的，事关中央主要领导同志，必须慎重对待。请知情同志以对历史高度负责的精神，提出宝贵意见。

（县党史征委会供稿）

　　注：封振武同志1937年12月加入中国共产党，1938年1月参加徂徕山起义，历任中队长、军分区司令员、兖州市卫戍司令员、兖济警备区司令员、山东公安部队副司令员等职。

蒋军在兖州的暴行

黄　萍

　　还在解放军攻城前的十几天，蒋军第十绥靖区司令李玉堂及蒋军整编第十二师，命令市民不分老少日夜为蒋军加修城防工事，违者枪毙。在这道命令下，无数的从未劳动过的商民在炎热的太阳下晕倒，有不少的市民遭受蒋军的棍击鞭打。新东门大街兴美眼镜钟表行的一位先生，因经受不了这过度的劳役，遭到蒋军毒打两顿。蒋军为了修筑工事，将城里的门板、桌子、箱柜，都强迫作军用器材。市民们眼看着自己的东西给蒋军这样地毁坏，但谁也不敢说个"不"字。一个80多岁的范佐霖老先生（前滋阳小学教员），他家的桌子、椅子，都给蒋军们抢去了，甚至还要把范老先生留作善后的寿木抢去。老先生跪在地上哀求，反而被蒋军用茶杯粗的木棍痛打。范先生遭此毒打后，至今仍半身不遂。当记者于兖州解放后去访问这位老人时，他痛苦地呻吟着，他的房子也被蒋军在"妨碍视线"的命令下烧为灰烬。他痛苦地叙述着蒋军的暴行，他说："'中央军'害得我好苦，我即将去世的人，他们还要叫我死无葬身之地！"

更残酷的事，是蒋军对西关人民施行了惨绝人寰的破坏。蒋军在"加强城防"的借口下，把西关、赵家村、旧关、桃园，这个东西三里、南北五六里、拥有12条街道的房屋财产烧成瓦砾。记者作了实地访问，火焦味及腐烂的人尸味，在烈日下使人窒息。就在这里，一家原是茶馆店的门前，破碎的砖瓦堆上撒着闪光的瓷器碎片，一个十几岁的小孩，伏在高凸的瓦砾堆上，拼命地哭着，喊着！用手扒着碎砖，"娘啊！娘啊！"地叫着，站在孩子旁边的父亲，神经质地流着眼泪。邻人们告诉我："这是李修海家，孩子的母亲是为了抢救火中的货物而给蒋军炸死的，至今尸体尚在下面腐臭。"

在7月10日的夜里，当人们还在梦中的时候，蒋军迫令西关人民在一小时内全部离开西关。警醒的人们有的连衣服都未及穿好，拖着老弱各自逃出了家门；未及逃走或因顾惜财产不愿离家的，就在蒋军的地雷、炸药及城内蒋军预先安排好的大炮轰击下，夺去了生命。李修海家隔壁的汤永千全家三口人遭了难。据记者初步了解统计：仅西关死难者就有150多人，黄金阁、三义庙、半面街、奎文街有40多人葬身火海。蒋军在放火焚烧后，还连日用十几门迫击炮向残存的断墙破壁轰击。每日炮声隆隆，赵家村张太建全家五口人遭蒋军炮弹炸死。

蒋军又在战斗中迫令民营汽车装上沙袋包，成为火线上的流动碉堡。司机刘星桂、助手宋玉生因此而丧失性命。当解放军突破一切工事进入西半城时，蒋军竟用火油喷射民房，迎风纵火，中御桥以西、南门里外一片火海。数百家房屋财产均遭毁灭，南门里宋小周因要救出自己家中的货物，而被蒋军用炸弹炸死。

（原载于1948年8月15日《大众日报》）

给驻兖蒋军出夫记

孔德润

兖州战役期间，城内驻有两三万国民党军队。他们以"重点防御，守卫兖州"为名，大修战斗工事，劳民伤财。城内数万居民，在枪炮轰鸣中为他们挖沟筑垒，出力卖命。这段历史40岁以下的人是不知道的，40岁以上的人也未必都铭记在心。我根据个人的亲身经历回忆出来，以便使大家进一步了解和记住兖州人民这段苦难的日子。因时间久远，记忆模糊，且当时年幼，缺乏观察力和理解力，仅就事直书，希望年长者补充指正。

屯兵困守　大修工事

当时，蒋军驻兖最高将领是第十绥靖区司令李玉堂。1948年年初，第十二军军长霍守义率两万多人来兖州接替了整编三十二师的防务。另外，兖州还驻有装甲兵和地方反动武装等数千人。蒋军的举动显而易见是要死守兖州城。自1946年新四军攻城以来，敌军就把四个城门堵得严严实实。两年多来，反动军队和政府大肆搜刮，老百姓只能靠树皮、野菜充饥。到了1948年夏天，树皮、野菜也吃光了，城内的老百姓从早到晚饿肚子，挣扎在死亡线上。就在这种情况下，十二军还要抓夫，给他们修工事。

兖州城方圆二十多华里，城墙内外工事层层，有护城河、鹿寨、壕沟、电网、掩体、碉堡、马道、第二道防线等。护城河宽约10米，深3至5米不等。鹿寨是用砍伐来的树木围成的，密密麻麻。城墙本来就很高，又在外面挖了一道深约4米的壕沟。城墙垛口重新修整，上面架满了电网、铁蒺藜。城墙下挖掘的幽深隧道可通城外，曲曲弯弯，阴暗潮湿。城墙的拐弯与险要处遍布碉堡。这层层道道的工事本来就够严密、坚固的了，但他们还嫌不足，又在城内距城墙50米处挖了一道壕沟，用挖出的土筑成一道宽5米、高4米的土围子。这些工事除个别机密阵地和暗堡、弹药运输线等外，都是城里壮丁被迫挖筑而成的。

我开了小差

起初，出夫是按街按户摊派的，譬如某团或某段防地每天要用多少民工，由部队根据需要通知县政府，县政府再将任务分配到四个镇，镇再分到保，保再分到甲（即街），然后甲长按户丁人数或贫富情况分派。富户不出人可以出钱雇觅，贫户就只能出人了。还规定16岁以下、50岁以上男性居民不为夫。可是到了后来，大概是城防越来越吃紧，要的民工一天比一天多起来。一家有一丁的三天一出夫，两天一出夫，人丁多的更不用说了。临近解放的一段时间，每天枪声不断，炮声隆隆。这时，出"全家夫"、出"净街夫"的告示便贴出来了。老百姓谁愿去看！保甲长就挨门挨户催逼。"全家夫"是每一户中适龄男性有几个去几个；"净街夫"是街上不准留有一个适龄男人，全部要出夫。

那年我16岁，正读着初中。这告示一出，学也停了，其实学校正处于炮火之中，教师哪有心教？学生哪有心学呢？16岁，正是适合出夫的年龄。我家八九口人，老的老小的小，只有我合格。

第一天出夫，我是随全保40多人上韦园装卸弹药，我只带了两个菜窝窝。韦园院门口卡车来往不断，满载着炮弹、子弹箱。大的重一百多斤，两人抬；小的八九十斤，一人扛一个，从车上运到院内大殿里，要登十几个台阶。大家累得咬着牙，满头大汗，脖子里青筋暴得像条条蚯蚓，一干几小时不让休息。我小小年纪，哪干过这样的重活呢？到下午2点，实在熬不下去了，便想逃脱。可是转念一想：逃跑是很危险的，如果被追上，不枪毙也要打个半死。

后来我实在撑不住了，便下定决心要逃跑，能否如愿以偿，只好听天由命。恰巧这时一车卸完，下车还没来到，我就装着要吃干粮，拿起布袋往外溜。刚走到门口，迎着一个"丘八"喝道："不准出去！"我吓了一身冷汗，立刻回去了。不一会儿，来了一辆汽车，大家干起活来，当兵的都忙着抬摞弹箱。趁大家出出进进，十分繁忙之机，我走出来，见门外卸箱的只有一两个民夫，没有当兵的，心想莫失良机，便顺着车头向东走去，几步拐进向北的胡同，气也不敢喘，头也不敢回，急急忙忙又往东转了一个弯，跑到东火巷又转弯向北，这才直奔大街，逃出虎口。

东大营逃命

隔了几天，我和我们保的30多名民夫去东大营（俗称东营园子）门前挖沟。太阳刚出，我们走到东大营南面三角线，只见穿军装、戴胸章的人来往不断。胸章有"黄河""长江""荣源""卫土""龙盘""虎踞"等十几种番号，据说在兖州城过往或驻过的部队，其番号有80种之多。我们走到一个帐篷附近，即现在"九一"医院门口路西，蒋军给的任务是挖沟，顺路向北依灰线直挖到飞机场。

我们挖了两个钟头，又调去卸车，地点是原调车场大库房以东，即现在铁路工务段附近。等了一会儿，甩下来两节"闷罐"，士兵打开车门，叫我们从车上往库房里卸运。当时所运之物全是弹药箱，大的两人抬，小的一人扛。稍一不慎就有爆炸的危险。我与一个同伴，将一个一米多长的大箱抬在肩上，觉得倒也不算太沉。谁知刚走上站台台阶，猛觉得像一根钢针刺入肌肉，我"哎哟"一声几乎趴在地上，差点把长箱摔了。同伙们帮我卸下箱子，肩上鲜血直流，原来是箱底上的一根铁钉扎入肉里了。哭不敢哭，叫不敢叫。一位街坊老叔见此情景，赶紧从烟袋锅里挖出点烟灰给揞上了。随后血慢慢止住了，可伤口仍是钻心疼痛。大伙把我扶到货房大屋对面休息。不一会儿，蒋军命令大家开饭。民夫们聚集到大屋里，啃着各自带来的干粮。我由于疼痛，又想家，一阵心酸，什么也不想吃。这时，忽听外面一阵吵嚷，几个当兵的扛着枪，嚷骂着，退到这个大屋里来了。他们刚进门，外面就有一群大兵追了过来，接着"砰砰"就是几枪。一个先退进来的士兵的腿被打中了，并随即倒下。有几颗子弹还钻进了民夫的身上。货房里顿时大乱，大伙不知发生了什么事情，起初是紧缩一团，接着便各自挟着自己的工具、饭袋，夺门奔出逃命去了。

一位知情的何姓同伴说：先退进屋里去的是"卫土"，后来打枪的部队是"荣源"，都是"五路"的留守兵，他们互相残杀是常事。

黑洞中挨踢

时隔不久，我们保的几十名民夫被派到西北城角"天下第一碉"外挖战壕。那"碉"高大坚固，没有顶盖，就像一眼深井筒，内中机密我们是看不到的，一个背枪的"老总"领着我们从洞中钻入。洞中漆黑，伸手不见五指，后面的人紧揪着前面人的衣襟走。羊肠小道，只能单人行走，深一脚浅一脚，不知转了多少弯。如果万一松了手摸不到前面的人，那就寸步难行。当走到一个岔道处时，我前面的刘四叔把我甩掉了。我摸不着他，只得站住，后面的人一个个拥了过来，走不动了。我两手摸空，正要喊，突然身后亮光一闪，心想早有个手灯就好了。谁知这亮光过后，"砰砰"就是几脚踢在我屁股上，伴随着一阵臭骂："妈的！搞什么鬼！怎么不抓住前头的人？"接着又是一脚加一拳。原来是个可恶的蒋军士兵在向我大发脾气。

此后，他在前头走，我紧跟在他身后，不敢再大意了。可我不敢迈大步，生怕踩着他的鞋。我蹑手蹑脚，战战兢兢，直冒冷汗。不多时，终于发现前面出现了亮光，我以为快到城外的平地了，其实这亮光是从碉堡射击孔里透射进去的。我们从射击孔里鱼贯爬出，却站在了城墙北面阴森陡峭的战壕里，抬头见不到太阳。监工的蒋军命令我们往上扔土。战壕足有4米多深，土扔到壕沿上以后，还要翻到靠城墙的一面，形成斜坡。同伴们见我甩不上去，就叫我站在沿上往外

233

翻。我站的地方，上和城墙垂直，下和壕底照面，上下几十米，稍一不慎就有掉进壕里去的危险，内心实在害怕得很！我往外一看，北边是护城河，河水汩汩；河这边是树枝做成的鹿寨，因此这次要想逃跑，那是绝对不可能的事了。我只好在痛苦中忍受煎熬。

中学生的灾难

连日来苦战不休，加上连绵阴雨，我四肢无力，伤口和臀部疼痛，苦不堪言，但还得照样出夫。这天工地在西南城角（今莲池街附近），任务还是挖土壕，筑城围子。我们刚进入工地，就见东边有几个当兵的拉着一个年轻人往西走。不一会儿，忽然住下，举起棍子就打。打了一阵，又拉着那个年轻人往西走。每走几十米，就按下打一次。那个年轻人被打得又哭又叫，泣不成声。不多时，眼看就要来到我们近前了，我吓得心惊肉跳。邻居王二叔吓得浑身战栗，一头栽倒在地上。大家刚把他拉起，那打人的蒋军就过来了。哎呀！那挨打的年轻人原来是俺滋中高一的学生陈××，家住御桥北。据说是因一连三天没出夫，被蒋军给搜查出来，故意拉到工地上进行毒打示众的。他那凄惨的样子，真令人可怜不已。

当时的滋阳中学（今兖州一中前身）是我县城乡唯一的一所中学，称得上本县最高学府，共有学生1000来人。那时的中学生在群众眼中是"秀才"，比现在的大学生还稀罕呢。但国民党兵不管这些，只要不出夫就"一律同罪"，毫无半点面子。后来听说，那天打陈

××主要是打给中学生们看的。杀鸡吓猴，看以后还有哪个中学生敢违抗呢？

炮打兴隆塔

我天天出夫，学也不能上了，担惊受累，度日如年，非常苦恼。7月12日（农历六月初六），我们被派往北城墙根挖第二道城壕。下午，我们被撵进一口破屋里吃饭。我妹妹给我送来了炒面，这是娘从田里（当时城内有大片园地，除少量种菜外，大部种庄稼）捡了麦穗炒的。我吃着这香甜的炒面，心里想：出夫何时是个头！如果不出夫，吃糠咽菜也比这甜。

正吃着，西北城角忽然"咯咯"几声炮响，民夫们都吓呆了。当兵的朝我们大声呵斥："怕什么？快吃饭，吃完干活！""咚！咚！"又是两声。接着一阵哨响，当兵的提着武器集合去了。民夫们抢着挤出屋门透透气，刚站稳，"咚"的又是一声炮响，只见对面的兴隆塔外层"哗"的一声坍裂了，砖石崩飞，硝烟弥漫。"咚！"又是一声响，七层石栏杆处冒起了浓烟，蒋军设在塔上的"炮兵观测所"的席篷被打飞了。顿时，敌兵乱作一团，民夫们多数也挟着锨逃跑了。于是，我也拉着吓哭了的妹妹往家跑。刚走不远，就望见贡院门前"扑通、扑通"地落炮弹。糟了！那儿正是我们回家的必经之路，多数民夫都正朝这方向跑，前头的已钻进尘土飞扬的烟雾里了。有人高喊："快跑，绕南边！""砰！砰！……"南边又落了几颗。

又有人喊："往西跑！"往西、往南皆是硝烟弥漫。我们哭着往前闯，不知越过多少炮弹坑，穿过多少硝烟迷雾，上气不接下气，摔了无数跟头，是死是活只好听天由命。当时迷迷糊糊地不知过了多久，我们终于梦境般地看到了家门，看到了满脸泪痕的爹娘……

天已破晓　人见光明

从下午2点开始，枪炮声一直没断。傍晚，老西门以南"隆隆""啪啪"响成一片。到了夜里，新西门附近的炮火更激烈了。由于多日的疲劳，我不知不觉已经睡着。当我一觉醒来，听说我爹被抓走了。原来夜间11点左右，蒋军传令保甲长派人去抬伤兵，于是挨户抓人。爹本想出面掩护我，不料年近六旬的老人却落入魔掌。我立即拿起褂子跑出去追赶，一气赶到龙须门口（今长安居委会）。路上死的、半死的蒋军官兵横七竖八，有的还呻吟号叫着；流弹像穿梭，火花乱迸。我也顾不得害怕了，一直往前闯。这时对面过来两副担架，四个人抬着。黑影里我认出了父亲，其余三人也都是本街上的。父亲很惊愕我的到来。他们把担架放下，庆祥叔说："看样子，队伍也顾不上他们（指担架上的伤兵）了。"他拉了拉父亲的胳膊，压低声音说："走吧。"我们几人离开了龙须门，转身东去。那两个伤兵躺在担架上连点动静都没有，大概接近死亡线了。

我和父亲平安到家，全家人非常高兴，但又担心会不会有人追来呢？当时真是提心吊胆，度"夜"如年。

　　大约凌晨4点钟，一阵激烈的枪炮声过后，有几个全副武装的"兵"走进我家，对父亲说："老大爷，不要害怕，我们是解放军。"我爹点着头，"噢、噢"地答应着。什么是"解放军"呢？我爹并不清楚。我见他们胳臂上都戴着红袖箍，态度很和蔼，于是感到轻松多了。解放军叫我们不要害怕，让我们暂时都躲到屋里去。随后，他们就在我家靠街的东屋墙下部打洞，支起机枪往外打。大约半个小时后，他们离开此处，直奔北教堂（现兖州一中）方向而去。

　　不久天已放亮，黑夜就要过去了。13日10时左右，西城内的枪炮声渐渐稀少。当日下午，兖州古城得到彻底解放。至此，我被迫给驻兖蒋军出夫的苦难日子也彻底结束了。

（1989年5月）

驻兖蒋军被歼前的暴行

石 操 亚 白 贯 群

兖州蒋军在被歼前疯狂地抢劫、烧杀、奴役人民，使无辜人民在酷日暴晒下，流离失所，无家可归。

6月21日至25日，蒋军整十二军与保安队、"还乡团"大肆抢劫西关的商号与平民，从布匹、杂货到小孩的衣裤，见什么拿什么……范姓茶庄的200余箱茶叶，只剩下20多箱。小商人宋义和损失香烟、杂货价值六七千万元蒋币。城内商号大部分店门门板被蒋军拆去修工事，他们趁机大肆抢劫，从老西门到老东门五里长的大街，数百家商号损失巨大，现除药铺、理发店外，其余均无法营业。西门里祥兴永杂货店被劫去数千万元蒋币。老东门里鸿顺酱园的四大缸酱菜被抢一光，还打坏了五个大缸，该园王大娘一提起此事就忍不住痛哭起来。蒋军抢空商店货物后，就到住宅去搜索。西门里居民张庆生的女人、孩子跪在地上哀求，蒋军们一脚把女人踢开，抢了东西扬长而去。

当我军围攻兖州逼近西关时，蒋军便用煤油烧民房，他们撤至城内后，又从城头上射出燃烧弹。自6月26日以后，西关大火烧了十余昼夜，昔日鳞次栉比的房屋，成为一片瓦砾。7月13日下午，我军攻入城内，蒋军又用棉花、煤油到处放火，南门里大街、中御桥南北街等地，剩下的只是些灰烬和断垣残壁。医生张启昌先生，从地洞里爬出来想救火，被蒋军用手榴弹炸伤。当解放军歼灭城内守敌后，小商人胡玉亭一家从地洞里爬出来，见到30年苦心经营的家产均被烧尽，全家号啕大哭。

蒋军在被歼前的战斗中，向兖州人民进行了血腥屠杀，如民权路西的李新甫，一家四口人，靠着女婿许宝焕拉洋车过活，战斗中，与房东两家共15人躲在地洞里。十多名蒋军抢了东西，烧了房子，又到他们藏身地把两个沉重的包袱夺去。蒋军们还笑着说："送一个弹给你们吃！"接着向洞里丢进去一个手榴弹，15个人中，6人负了伤，许宝坤则被炸惨死。当蒋军退到中山东路的庞运和家时，把他家剩下的30多个馒头抢去吃了，又到地洞里丢放炸弹，炸伤三人，一个14岁的女孩被炸死。其他遭残杀的，如成衣匠陈少凯一家五口被炸伤了三个；中御桥街一个从蒋军八十四师复员回来的董某及儿童杨少武也是这样被炸死的。

12日上午，解放军还未攻城时，蒋军曾欺骗驱使50余名无知青年充当炮灰。当时每人强发给一支枪，并给他们贴了一张画着"符咒"

的黄表纸，戴着"八师"的肩章，将他们赶出南关以外，结果只剩了10余个人回来。

困守城内的蒋军在我军围攻中，妄图挣扎，强征民夫，到处加修工事。单铁路员工每天就要被抽去320名，一天做到晚也不给饭吃，稍有迟缓即要挨骂或被鞭打。

解放军进城后，沿街向群众慰问，被蒋军炸伤的群众仍穿着血衣愤骂蒋军不已。受难群众纷纷向我军控诉蒋军暴行说："你们再迟打开兖州，老百姓受的苦就更多了。"

（原载于1948年8月5日《大众日报》，题目略有修改）

附　录

兖州战役大事记

（1948年5月29日至7月15日）

5月29日，津浦路中段（徐州至济南）战役发起。解放军华东野战军第十三纵队和鲁中部队，向国民党军济南王耀武第二绥靖区与兖州李玉堂第十绥靖区的结合部泰安发起攻击，以求围城打援，消灭济南、兖州国民党守军有生力量。攻城部队以泰安东兴为突破口，发动猛烈进攻。

5月30日，泰安城东、城南、城西南及火车站等处，分别遭到解放军十三纵、鲁中部队攻击。国民党守军一五五旅四六三团及保安旅一部，根据第二绥靖区"机动作战"的指示，于12时在飞机、铁甲车掩护下，向界首转移。

5月31日晨，国民党守军第二绥靖区辖之肥城守军二一一旅一个营弃城退往万德；逃往界首之敌四六三团及保五旅一部，在解放军猛烈进攻下，于午后也退往万德附近。第二绥区又以其一五五旅主力、二一一旅六十三团及保五旅一部推进至万德以南阻击解放军。大汶口国民党守军整八十四师补充团及一团遭到解放军猛攻。章丘国民党守军被迫退守龙山以东地区。

同日，第十绥区辖区之南驿守军整十二师补充团向南退往歇马亭；新泰守军一一二旅之三三四团退往泗水。界河守军整四十五师一四一旅、官桥守军四十五师二一二旅一部及沙沟守军整七十七师三十七旅，均分别遭到解放军袭击，徐济段铁路被解放军截断多处。

6月1日，大汶口南大汶河南岸之桥头堡被解放军攻占，国民党守军整八十四师补充团及保一团仍据守大汶河北岸阵地抵抗。泗水国民党守军一一一旅（欠三三一团）附三三四团弃城退往兖州。兖州南界河国民党守军整四十五师一四一旅与官桥国民党守军整四十五师二一二旅一部向解放军反攻，被击退后，各沿铁路向南逃窜。

6月2日，万德国民党守军遭到解放军攻击，国民党守军二一一旅六三三团及一五五旅四六三团均被迫退往张夏附近。

6月3日晨，大汶口国民党守军整八十四师补充团及保一团被迫突围，退至大汶口西南20公里之外海子附近，大部被歼，少数国民党守军退往兖州。

6月6日，曲阜国民党守军整十二师师部率其三三一团退往兖州，曲阜仍由整十二师临时纠集该县国民党地方武装编成的一个独立旅担任防守。

6月11日晚，曲阜国民党守军整十二师独立旅分散向兖州突围，在突围中被歼。

6月12日，邹县国民党守军保三旅退往兖州，该县即由国民党县自卫大队防守。

6月13日，宁阳被解放军攻克，国民党守军宁阳县自卫大队被全歼。济南以南张夏也被解放军攻占，国民党守军四六三团等部退守崮山以南地区。

6月15日，邹县被解放军攻占，国民党守军邹县自卫大队被歼。至此，李玉堂第十绥区部队已分别被解放军包围于兖州、济宁、汶上等孤立据点之中。

6月20日，解放军山东兵团命令第七纵队和鲁中部队逼近兖州城郊，形成对兖州包围态势，并对东、南、西面发起猛攻，以诱使济南、徐州之国民党军队出援，第九纵队和十三纵队准备打援。

6月21日，国民党军队整八十四师吴化文部在崮山附近地区集结完毕。

6月23日，吴化文部南抵万德，沿途受到解放军阻击，不敢继续前进。此时，王耀武又令其保二旅由孝里铺进抵圣佛站，以配合吴化文部南进行动。

6月24日，兖州城东北琉璃厂村被解放军攻占，国民党整十二师三三三团一部被迫退至铁道以西阵地与解放军对峙。

6月26日，兖州西关被解放军七纵攻占，国民党守军三三三团一部被歼。

同日，徐州国民党整二十五师已全部车运至滕县，企图由滕县北进，解兖州之围。

6月27日，国民党第三快速纵队由徐州车运至滕县，准备配合国民党整二十五师同时北进。解放军为集中兵力歼灭徐州援敌整二十五师等部而撤出兖州西关，国民党整十二师重占西关。

此时，国民党十绥区司令官李玉堂判断解放军主攻方向在城西，于是又重新调整了部署。其具体部署是：一一一旅之三三三团守备西关及旧关，三三二团担任城内东、北两面和北关之守备，原预备队三三一团任城内西、南两面及城墙外独立据点之守备；一一二旅之三三四团由东关外飞机场附近调进城内为总预备队，置于城内西半部；兖州、蒙阴、新泰自卫队任南郊之守备，保三旅之八、九两团及泗水、曲阜自卫队等守备东关及铁路以东至泗河间之外围阵地。

6月28日，解放军第十三纵队奉命除以三十八师留置泰安地区监视济南之国民党军队外，三十七师、三十九师开始南下曲阜，准备协同第九纵队歼击徐州国民党援军。

6月29日，华野西线兵团发起围歼区寿年兵团的睢杞战役，中原国民党军队处境不利。已车运至滕县之整二十五师及第三快速纵队，又根据徐州"剿总"司令刘峙的命令，星夜运回徐州，转用于柳河方面，增援在睢杞被围之区寿年兵团。

7月1日，解放军攻城部队又重新紧缩了对兖州的包围圈。

同日，第十三纵队三十七、三十八师经3昼夜急行军进至曲阜以南、邹县以北地区，一面隐蔽待机，一面进行打援的临战准备。

同日，吴化文部在王耀武迫令下由万德继续南进，遭到解放军节节阻击。

7月2日，滕县国民党守军整四十五师及保十八团，在整二十五师南运后惧怕被歼，退向临城。至南沙河、官桥附近时，遭解放军截击，其师炮兵营及辎重营被解放军截歼一部。

7月3日晚，兖州东北豆腐店国民党守军整十二师三三四团一部，城西南赵家村、前窑村滋阳自卫队，分别遭到解放军猛攻。激战后，上述据点国民党守军均被迫退守城关阵地。

同日，吴化文部进抵界首。

7月5日，兖州四周国民党守军均遭到攻击，旧关、西关、后窑战斗激烈。经反复争夺，旧关大部被解放军占领，国民党守军反复冲击，解放军又撤出旧关。

同日，吴化文部进抵泰安。

7月6日，中共中央军委赋予山东兵团"以全力攻歼兖州守敌和争取歼灭济南援敌，以完成扫清津浦线之敌"的任务。山东兵团集中第七、十三纵队和鲁中部队攻击兖州，以第九纵队担任打援和机动。

同时，解放军突入兖州西关后，李玉堂曾以其总预备队三三四团实施反冲击，但被解放军击退，双方遂相持在旧关、西关内继续战斗。赵家村以北之独立据点国民党守军三三一团五连及六连一个排被歼灭。当夜以总预备队三三四团占领西城墙阵地，掩护旧关、西关的守军向城内撤退。

7月7日，国民党守军三三三团退入城内后，因伤亡惨重调至东关营房休整。三三四团即担任西城墙的防御，将尚未参加战斗的保八团调入城内充实总预备队。

7月8日，解放军十三纵队三十八师一一四团留泰安监视和阻止济南国民党援军，一一二团、一一三团经两昼夜急行军于8日进入兖州城西大安、徐家村和夏家庙地区。

7月8日至11日，城南的大桥及泗河铁桥附近据点守军遭攻击后，凭工事抵抗，其余各处守军均与解放军对峙。

7月12日17时30分，解放军实施炮火轰击后，守军指挥机构遭到袭击，设在城内最高古建筑兴隆塔上的敌炮兵观察所遭到炮击，西城墙上的三三四团也遭到炮火严重杀伤。22时，攻击部队登上兖州城头，守军以总预备队保八团向老西门以南反冲击，其各级预备队又对新西门突破口进行数次反冲击，均被击退。守军凭借街市房屋抗拒。当晚，守军被迫退于城内东部及东关附近阵地，其绥区司令部由城内移至东关。

同日，国民党援军整八十四师师部及一五五旅进至南留、大汶口地区。

7月13日2时，在中御桥阻止解放军东进的国民党整十二师骑兵连及辎重营被全歼。退于城内东半部及东关的守军继续遭到猛攻，东关守军保三旅伤亡甚重。10时，李玉堂前往整十二师司令部与霍守义研究应急办法。他们根据徐州"剿总"副司令李延年给李玉堂空投的私人信件，了解到解围无望；在解放军已突入城内的情况下，已无力坚守，遂决心收缩兵力突围。17时，守军残部大部集结于东关附近。18时30分，分成数股徒涉泗水向东突围。东逃一部至粉店以东地区被歼；南逃一部至大岗头以北地区时，亦被截击歼灭。仅李玉堂只身化装潜逃。

当晚，进至太平镇地区的北路国民党援军一六一旅，遭到突然围攻；同时王耀武已得知兖州守军被全歼，乃判断解放军将转移兵力歼灭援军，于是急令吴化文星夜撤回济南。20时，吴化文即率其主力乘夜退回泰安，并派其一五五旅四六五团的一个营，于大汶口掩护其一六一旅回渡大汶河北撤。

7月14日4时，国民党二一一旅六三三团（后卫团）在满庄遭到截击，被歼700余，残部继续向北回撤。同时，退至南留附近的一五五旅四六四团（欠一个营）及白集坡附近的四六三团一个营，均被包围，经激战，除少数突围外，余部被全歼。

同日，留置于大汶口担任掩护的国民党四六五团一个营，在解放军进到魏家庄后渡河南撤，经茶棚至齐家庄，后乘隙向西北渡大汶河向济南败退。

同日，国民党八十四师师部抵泰安城，一六一旅被解放军包围于大汶河以南地域。

7月15日7时，坡家宅守军四八二团（欠一个营）遭到围攻。8时30分，向太平镇方向突围，除被俘200余人外，其余与太平镇守军汇合，旋被歼灭。

8时，齐家庄守军一六一旅旅部及一个团遭到围攻，激战至16时，除300余人突围到刘家海子外，余者被全歼。

19时50分，刘家海子、齐家岭之国民党守军均遭攻歼，战斗至21时，解放军攻克最后据点太平镇。敌妄图向西逃窜，除少数漏网外，余被全歼。

同日，吴化文率残部由泰安向济南撤退，于16日到达济南。同时，保一旅由肥城撤回圣佛站。

（大事记转载自《全国解放战争时期山东重要战役资料丛书·兖州战役》）

1948年淮海战役中霍守义给一一二师师长于一凡及全体官兵广播讲话稿

　　一一二师师长于一凡及全体同志：霍守义在这里对你们讲话。四个多月不见了，我知道你与全体同志都很想念我。请你们放心，我精神、身体都很好。所有来解放区我们各级干部，均加入革命事业，接受共产党、毛主席领导，来建立新民主主义的新中国。我们过去不了解共产党的政策，所以受了国民党反动派的欺骗宣传，以致在兖州一带第一一一师遭受了整个损失。回想我们抗战的时候，在敌后方成绩最大，劳苦最多，没看见国民党的刊物有怎样的登载，没看见国民党的命令公布有怎样的表扬。就这一点来说吧，我们俘虏日寇少将远山芳雄，是在全国抗战中俘虏最高职级的一个。但是谁知道呢？！其他战绩太多了。国民党政府赋予我们在敌后执行双重任务，一面抗战，一面又要反共，当时你不是也很痛心吗？国民党反动派们每提起共产党力量越来越大，就马上想到双十二事变（即西安事变——笔者），就对我们的仇恨越来越深，我们受的刺激就越来越多。其实，就是没有"双十二"，共产党的力量，人民的力量一样会壮大的。过去我们不是常说吗？"国民党不相容，共产党不谅解"，心中增加了多少烦恼。在抗日胜利以后，全军40多天徒步行军，掩护接收的大员们。他们坐着火车来到山东交接收财，接收官，而我们的部队呢？今天裁编，明天退役。尤其甚者，国民党反动派好像就要统一中国啦，真面目拿出来啦。你还记得吗？国民党反动派竟然下命令，取消历史悠久，抗战到底，成绩最大的百十二师——就是现在你带的这个仅有的部队呀！当时我们几次研究，几夜未睡，同仁们有痛哭流涕的。后来得到保存，并不是托人情、打电报的力量，乃是蒋介石要利用我们打内战。试想打仗的时候，谁援助过我们，我们单独作战，还不叫兵力集中，这明明是要消灭我们啊！牟荆朴（原东北军五十一军军长牟中珩——笔者）也在这里，我们谈起来很伤心。他说："蒋介石的主意是：我们打共产党很好，共产党打我们正合适。"这不是蒋介石存心要消灭我们吗？我们在此地的同仁们，都希望你毅然起义。过去我们不知道，共产党的政策是为人民的，现在可以拿我们的经验作你的教训，就是不要你再吃亏了。我们以前曾收容于孝侯（学忠）、何柱国两个总部人员，今天你未能继长十二军，不要认为是内部问题，实在是有人挑拨离间。你担负的责任更大啦，我们应该加入人民阵营的大团体，不但能生存，并且能发展。我们到解放区后，所有人们都特别表示好感，仍保持过去友谊关系。今天你应该立刻起义，我们一同加入人民阵营。要不然，不是为蒋介石取消，就是毁灭于战场，我们可对不起东北父老们热烈的希望，对不起已经超过十年管束，还未释放的张汉卿先生的志愿，也就是对不起国家和现在的全体官兵。希望你要注意我的话，不要再延误了。

霍守义致全国同胞、
东北同乡、国民党官兵的公开信

全国同胞们、东北同乡们、国民党官兵们：

我是原来整编十二军军长霍守义，在今年7月间解放兖州战役，而来到解放区。我带的这支军队过去是东北军，在九一八以后，在内地集体的流亡，在西北为争取统一抗战，曾反抗蒋介石打内战。到了国共合作的时候，在抗战当中，皆在敌后方作战，苦斗八年，一直到日本无条件投降。本想我们国家应该修明政治，实行孙先生三民主义，为人民谋福利，复兴我中华民族。但是蒋介石反动集团，不顾人民的灾难，而实行独裁政治，保持封建势力，出卖国家民族利益，甘为美帝国主义作侵略的工具而仍来打内战。我因受了欺骗宣传，参

甘为美帝国主义作侵略的工具而仍来打内战。我因受了欺骗宣传，参加内战，造成反人民的罪恶，这是我在政治上没有远大见识，犯了主观的错误。每想到此，恨愧交加。我经过了学习，彻底地研究，确实了解共产党的政策，完全为人民谋幸福，人民解放军才真正是人民的武装。并亲见解放区农村生活安定，人民皆有饭吃、有衣穿，都市工商业也很发达。所有公务人员，皆没有贪污腐化的情形，确实刻苦耐劳，为人民服务。所以我现在认清真理，辨明了是非，知道非彻底消灭封建集团，难以实现我们国家的真正民主与永久性的和平。所以今后我愿在共产党、毛主席领导下，为驱逐美帝国主义的侵略势力，打倒反动的统治，建立新中国而奋斗到底。